고조선 논쟁과 한국 민주주의

사이비역사학의 아성, 주류 고대사학계 비판

고조선 논쟁과 한국 민주주의

사이비역사학의 아성, 주류 고대사학계 비판

© 김상태, 2017

1판 1쇄 인쇄 __ 2017년 08월 20일
1판 1쇄 발행 __ 2017년 08월 30일

지은이 __ 김상태
펴낸이 __ 홍정표

펴낸곳 __ 글로벌콘텐츠
　　　　등록 __ 제 25100-2008-24호

공급처 __ (주)글로벌콘텐츠출판그룹
　　　　대표 __ 홍정표　이사 __ 양정섭　디자인 __ 김미미　기획·마케팅 __ 노경민 이종훈
　　　　주소 __ 서울특별시 강동구 천중로 196 정일빌딩 401호　전화 __ 02-488-3280　팩스 __ 02-488-3281
　　　　홈페이지 __ www.gcbook.co.kr　메일 __ edit@gcbook.co.kr

값 15,800원
ISBN 979-11-5852-156-1 03900

고조선 논쟁과 한국 민주주의

사이비역사학의 아성, 주류 고대사학계 비판

김상태 지음

글로벌콘텐츠

이 책은 고조선과 관련된 나의 세 번째 책이다. 본래는 계획에 없었던 것이다. 하지만 세간의 반복되는 고조선과 고대사 이야기들이 집필을 강요했다. 고조선은 정치나 스포츠처럼 잘 알려진 이야기가 아니다. 오히려 꼭꼭 숨은 비사에 가깝다. 그럼에도 특별하고 중요한 주제이므로 최소한 정리된 이야기를 남겨야 한다고 생각했다. 부족할 망정 관심있는 누군가에게 길잡이가 되어야 한다는 자각도 있었다. 이 책이 그 취지에 조금이라도 기여하길 소망한다.

하지만 이 책은 출간되기 쉬운 책이 아니다. 내용에서 분명히 드러나겠지만 관련된 거의 모든 세력을 강도 높게 비판하고 있으므로 어디에서도 수용되기 어렵다. 다행스럽게도 (주)글로벌콘텐츠출판그룹에서 이 책의 원고를 받아 주었다. 더구나 요즘처럼 경제적으로 어려운 출판 환경에서 이 책을 출간하기는 더욱 어려운 일이다. 그럼에도 이 책의 의미를 헤아려주신 홍정표 사장님과 (주)글로벌콘텐츠출판그룹에 이 자리를 빌어 깊은 감사를 전한다.

고조선 논쟁과 한국 민주주의는 무슨 관계인가?

이 책의 원고는 2017년 4월 초에 완성되었다. 이 글 '들어가는 말'은 거기에 덧붙이는 것으로 2017년 6월에 작성한 것이다. 출판사에서 고조선 논쟁과 한국 민주주의의 관계에 대해 좀 더 상세한 서술을 제안했고 나는 그것에 동의했다. 그 사이 대통령 선거를 포함한 거대한 국가 사회적 변화가 있었는데 그것은 이 글을 작성하게 된 또 하나의 동기가 되었다. 따라서 여기 '들어가는 말'을 제외한 본문과 목차 전체는 2017년 4월 이전에 완성된 그대로이다.

1. 주류 고대사학계는 썩은 적폐인가?

　고조선 논쟁. 보통은 들어 본 적도 없는 수천 년 전 고대사 논쟁이 당금 한국 민주주의와 무슨 관계가 있단 말인가? 아주 자연스럽고 정당한 질문이다. 고조선 논쟁과 한국 민주주의의 관계는 그만큼 멀고 엉뚱해 보인다. 그러나 대답은 무척 가까운 데 있다. 다름 아닌 신문 기사다. 지금 인터넷에서 다음 두 가지 제목을 검색한다고 가정하자.

　'문재인 대통령, 가야사', '도종환 문체부 장관, 고대사'

　이렇게 하면 검색자는 무수한 뉴스를 마주하게 될 것이다. 그리고 새삼 이런 질문을 할 것이다. 엄청난 개혁의지를 표방하는 새 정부의 핵심에서 '가야사'니 '고대사'니 하는 말이 등장하는 이유가 무얼까? 하지만 조금만 더 상세하게 기사를 읽어보면 이것은 심상치 않은 충돌의 시작이라는 걸 알 수 있다. 왜냐하면 새 정부의 역사에 대한 관심에 맞서는 라인이 '조선일보, 한국일보, 경향신문 등 수많은 신문사와 주류 고대사학계의 연합'이며 이들이 꽤나 공들여 정부를 공격하는 중이라는 사실을 확인할 수 있기 때문이다. 예를 들어 다음과 같은 기사 제목들이 그렇다.

　"대통령이 특정 역사연구 지시하는 나라가 어디 있나."

-조선일보, 2017년 6월 6일

"도종환 후보자님 '위대한 상고사'는 안 됩니다."

-한국일보, 2017년 6월 5일

"맹목적 민족 역사관은 진보가 아니다."

-경향신문, 2017년 6월 5일

이것 말고도 얼마든 더 있다. 왜 이리 난리일까라는 생각이 들 정도다. 정말 왜 이리 난리일까? 새 정부는 역사 말고도 해결해야 할 일이 차고 넘친다. 특히 갈등의 여지가 있는 사안은 가능한 한 줄이고 발설하지 말아야 한다. 그런데도 엉뚱한 역사 이야기를 굳이 공식적으로 언표했다. 또 반대하는 측도 이상하다. 고대사 이야기가 어쨌다고 저렇게 맹렬하고 혹독하게 반발하는 걸까? 논조로 보자면 인사청문회나 사드 문제를 연상케 하는데 한갓 고대사 문제가 그렇게 중요하단 말인가?

나는 한 명의 시민으로서 문재인 대통령이나 도종환 장관의 의도를 정확히 알 수는 없다. 그러나 고대사에 관심이 있는 대중으로서 한 가지 사실은 분명히 알고 있다. 정부가 고대사를 언급할 때 가장 긴장하고 두려워하는 집단이 바로 주류 고대사학계와 그와 관련된 몇몇 집단이며, 이들이 대한민국의 대표적인 적폐세력이라는 것이다. 한국 고대사 문제를 잘 모르는 대중에게 이 사실을 증명하기는 어렵다(이 책 본문 전체가 그에 대한 이야기다). 그래도 이에 대한, 제법 선명한 몇 가지 사례를 들 수는 있다.

첫째, 국정화 교과서 총 책임자이자 최근에 사표를 낸 김정배는 주류 고대사학계 최고 원로이며, 최근에 공개된 국정화 교과서 집필진 중 고대사 담당자인 서영수, 신형식 또한 주류 고대사학계의 원로인데, 이 중 서영수는 주류 고대사학계의 보이지 않는 원로 수문장이고 (이에 대해서는 본문에서 상술한다.) 신형식은 친일적 사관으로 악명이 높다. 한편, 청문회에 등장하여 구설수에 오른 현 한국학 중앙연구원장 이기동은 과거 대안 교과서와 국정화 교과서 지지자이자 메카시스트로 역시 유명하다. 한 마디로 역사학자라면 누구나 피하는 박근혜 정부의 국정화 교과서 프로젝트에 충성스럽게 총대를 멘 집단은 바로 주류 고대사학계라는 말이다. 이런 이야기는 지금 당장 인터넷에서 확인할 수 있다.

둘째, 2016년 동북아역사재단에서 8년간 국민 혈세 45억 원을 낭비하고 폐기된 동북아역사지도 프로젝트 담당자들의 핵심은 주류 고대사학계 학자들이다. 이 역시 검색을 통해 즉시 확인할 수 있다.

셋째, 위 많은 신문들에 종종 등장하여 정부의 고대사 언급을 비판하는 신진 고대사학자들은 모두 이들의 직계들로 직접적인 호위병들이라 할 수 있다. 본인들은 아닌 척하고 얼핏 국정화교과서를 비판하는 것 같지만, 이는 피상적인 제스처에 불과하다. 이에 대해서는 이 책의 본문에서 충분히 입증된다.

이것을 요약해 말하자면 '주류 고대사학계는 부패한 검찰 인맥이나 부패한 국방부 인맥처럼 수십 년간 쌓여온 학계의 적폐'인 것이다. 일부 사람들은 이들의 고대사 이론을 식민사학이라 비판하지만 그것은 본질을 잘못 짚은 것이다. 그들이 식민사학자라면 그들의 이론 때문이 아니라 그들의 행동 때문이다. 그들은 학문적 이론을 전개하는 단순한 학자들이 아니다. 적폐 검찰이 단순한 검찰이 아닌 것처럼 이들은 그냥 학자가 아니라 은폐된 내적 관계로 얽혀진 이익집단이다. 그들의 이론이 아니라 그 이론을 둘러싼 그들의 이권 독식과 이와 관련된 부조리한 행태들이 문제인 것이다. 그게 아니라면 이들이 국정화 교과서에 불나방처럼 달려드는 것과 이후 새 정부에 대해 거세게 저항하는 것을 도저히 이해할 수 없다. 최근 새 정부 하에서 불거진 역사이야기는 그 실체가 무엇이든 이와 같은 주류 고대사학계의 적폐를 전제하는 것이다.

그러나 이들은 쉽게 청산되지 않는다. 이들의 개혁은 검찰 개혁이나 군부 개혁 이상으로 어렵다. 권력집단도 아닌 일개 학계가 그처럼 끈질기다는 것이 의외겠지만 언론이 결합하고 지원하는 위의 사례만 보아도 사태가 간단하지 않다는 것을 알 수 있다. 고조선 논쟁이 한국 민주주의와 직결된 이유가 여기에 있다. 고대사에 낯선 대중은 잘 모르지만 이 모든 것은 고조선 논쟁과 관련되어 있다. 나아가 언론을 포함한 사회 모든 분야에 이들 주류 고대사학계가 관련되어 있다. 아무리 정권이 바뀌어도 그들은 살아남았고 그렇게 살아남을 수 있을 만큼 수단이 좋다. 그래서 위의 김정배는 이명박 정권하에서 한국학 중앙연구원장을 역임했고 박근혜 정권하에서 국정화 교과서 프로젝트 수장이 되었다. 반면 노무현 정권하에서는 동북아역사재단의 전신인 고구려 연구재단 이사장에 임명되었다 명예롭지 않게 물러났으며, 새 정권하에서는 국정화 교과서 위원장직에서 역시 불명예스럽게 물러났고, 그 자리에는 주류 고대사학계 전체의 대규모 저항이 자리 잡은 것이다. 과연 이들이 이번에는 청산될 것인가? 그것은 민주주의가 얼마나 달성되는가에 달려있다. 민주주의가 충분하지 못하다면 국민을 개, 돼지로 알고 사드 반입 따위는 간단히 속여도 된다는 논리가 여전히 횡행할 것이며, 그와 똑같은 선상에서 주류 고대사학계의 학문을 빙자한 속임수와 공세도 계속될 것이다.

2. 진보사학계는 적폐가 아닌가?

뜻밖에도 주류 고대사학계, 특히 고조선 논쟁과 관련된 주류 고대사학계의 최고 최대 연맹세력은 진보사학계이다. 언뜻 들으면 말도 안 되는 것 같다. 일단 진보사학계는 고대사를 거의 다루지 않으며 진보사학자들 거의 대부분은 현대사를 다루는 학자들이다. 한마디로 진보사학계는 고대사를 거의 모른다. 그런데 어떻게 진보사학계가 주류 고대사학계의 연맹세력이란 말인가. 그뿐 아니다. 역시 누구나 알

다시피 국정화 교과서를 가장 앞서 반대한 집단이 진보사학계이다. 그런데 어떻게 이들이 국정화 교과서의 총대를 맨 주류 고대사학계의 혈맹일 수 있단 말인가.

이에 대해서도 수십 년 얽힌 과정을 다 설명하기 어렵지만(본문에서 상술한다) 짧게라도 인상적인 사례는 제시할 수 있다. 두루 알다시피 역사계간지 『역사비평』은 진보사학계 최고 역사 잡지이다. 그런데 이 잡지의 2016~2017년에 걸친 4개호에는 연속으로 엄청난 분량의 주류 고대사학계 논문이 실렸다. 이것도 인터넷 서점에서 바로 확인할 수 있다. 매 호마다 3편 이상 도합 10여 편 이상이 실렸다. 고대사 논문이 잘 실리지 않는 『역사비평』에 이렇게 무지막지한 분량의 고대사 논문이 실렸다는 것은 거의 광풍이라 해도 과언이 아니다. 왜 갑자기 이런 일이 생겼는가. 2016년, 앞서 말한 동북아역사지도, 즉 8년에 걸친 45억짜리 주류 고대사학계의 프로젝트가 폐기되는 시기 전후에 이 일이 발생했다. 그 폐기를 막기 위해 국회와 재야사학계를 공격하고자 이 논문 광풍이 진보사학계 심장부에서 불어 닥친 것이다. 과거에도 마찬가지다. 주류 고대사학계가 모종의 어려움에 처하면 진보사학계는 항상 이런 일을 자임했다. 주류 고대사학계의 부조리를 진보사학이라는 이름으로 포장, 은폐해 주는 것이다. 다시 말하지만 이는 참으로 이해하기 어려운 일이다. 친일청산과 독재청산을 기본모토로 가진 진보사학계가 어떻게 친일 독재의 대명사인 국정화 교과서 프로젝트 담당자 세력의 최고 호위병 노릇을 하는지 알 수가 없는 것이다.

이 역시 긴 설명 대신 간단한 사례로 설명해보기로 한다.

　진보사학계의 이러한 모순된 모습과 가장 닮은 사례는 정의당과 한경오(한겨레신문, 경향신문, 오마이뉴스)이다. 흔히 노빠-문빠로 대표되는 한국의 진보적 시민대중은(그들은 요즘 노빠나 문빠라는 말도 기꺼이 수용하는 듯하다. 그만큼 통찰력과 자부심을 가지고 있다) 최소한 지난 10여 년 이상 정의당과 한경오의 지지 세력이기도 했다. 그러나 이들은 2017년 대통령 선거를 전후한 시기에 정의당 및 한경오와 완전히 결별했다. 그들은 한국 진보정치와 진보언론을 대표하는 정의당과 한경오를 명백한 적폐세력으로 규정했다. 정의당과 한경오는 진보적이기는커녕 보수세력 이상의 모순덩어리였으며 그것은 오랜 세월 쌓여온 적폐의 결과였다는 것이다.

　진보사학계의 모습을 바로 여기에 비추면 이해가 쉽다. 진보사학계는 사학계의 정의당이나 한경오인 것이다. 정의당이나 한경오가 그런 것처럼 진보사학도 한때는 배를 굶으며 헌신하는 진보의 아이콘이었다. 그러나 더 이상은 아니다. 진보적이기는커녕 약자에게 강하고 강자에게 비굴하며 먹고 살기에 바쁜 학자 나부랭이 집단이다. 그러면서도 자신들을 대단한 엘리트로 잘못 알고 있다. 한때 서중석과 한홍구로 대표되는 위대한 진보적 현대사학의 시대는 진작 끝났다. 나로 말하면 과문한 대중에 불과하지만 그때 이후로 눈에 띄는 진보사학계의 훌륭한 역사서를 본 적이 없다. 진보사학계는 이처럼 퇴락했으며 그렇기 때문에 앞에서와 같은 괴상한 일을 할 수 있다. 더 냉정하게 말하면 인기가 떨어진 현대사학 대신 자극적 이슈가 되는 고대사학에 들러붙어 주목을 끌고 입지를 다지려 한다. 더 깊은 이유들도 있지만 일단은 이 상황이 그들을 가장 정확하게 설명한다. 이렇게 해서 이해하기 어려운 진보사학의 면모가 이해 가능한 모습으로 드러난다. 진보사학은 적폐세력인가? 그렇다. 최소한 고조선 논쟁에 관한 한 그들은 진보적 시민대중이 바라보는 정의당이나 한경오와 같은 선상에 있다. 그럼 이들은 어떻게 극복되는가, 혹은 극복될 수 있는가. 마찬가지다. 민주주의가 얼마나 달성되느냐에 달려있다. 그 전까지 진보사학계의 고대사관은 주류 고대사학계의 덜 떨어지고 교만하며 탐욕스런 하수인일 뿐이다. 각성한 시민이 물적으로 질타하기 전까지 그들은 절대로 바뀌지 않는다. 정의당과 한경오가 그런 것처럼.

3. 재야사학계는 적폐세력이 아니란 말인가?

재야사학계는 이덕일과 환단고기로 대표된다. 고대사에 익숙하지 않은 대중일지언정 재야사학계의 다른 건 몰라도 이 이름들만은 알고 있다. 널리 알려진 대로 이들은 주류 고대사학계에 대한 최대 비판자이다. 또 겉으로는 주류 고대사학계의 최대 적수처럼 보인다. 아닌 게 아니라 주류 고대사학계에 대한 이들의 싸움은 치열하며 거기서 얻어낸 전과도 혁혁하다. 그러면 이들은 적폐세력이 아닌가? 그렇지 않다. 이들도 똑같은 적폐세력이다. 이에 대한 자세한 내막은 본문 '제4장. 재야사학계 비판'으로 대신하겠다. 다만 여기서 말할 수 있는 한 가지 사실은 이들의 이론을 믿으라고 하는 것은 민주시민에 대한 지적 모독이라는 것이다. 이것은 관심 있는 많은 대중이 공감하는 바이다. 환단고기란 책은 한 권의 책으로 보아줄 수 있지만 그것을 역사로 받아들이라 하면 정상적인 합리성을 가진 시민으로서는 도저히 수긍할 수 없다. 또 이덕일이 쓴 책을 진지한 학술이론으로 받아들이라 하면 사이비 종교 교리를 받아들이라는 말로 들린다. 학문적 이론으로서 재야사학계의 주장은 그 수준에서 도무지 용납이 안 되는 것이다. 그런데도 재야사학계는 이런 이야기를 지난 수십 년 간 반복해왔다. 당연히 적폐이다.

그러나 이는 또 하나의 모순이다. 적폐로서 주류 고대사학계를 극단적으로 비판하는 재야사학계가 어떻게 같은 적폐일 수 있는가? 이것도 앞서 말한 진보적 시민의 입장에서 유추해볼 수 있다.

2014년 통합진보당 해산 사건이 있었다. 이 사건은 진보적 시민들에게 상당한 혼돈을 주었다. 민주사회에서 한 정당을 그런 식으로 해산하는 것에 동의할 수 없었지만 부정투표와 당내 폭력사태를 일으킨 통합진보당의 행태 또한 용납할 수 없었기 때문이다. 알다시피 통합진보당은 우익 보수 세력에 대한 최대의 비판자였다. 그들의 입장에서는 우익 보수가 적폐세력이었고 민주시민의 입장에서는 이에 동의했다. 그러나 그렇다고 해서 통합진보당이 적폐세력이 아니었던 것은 아니다. 통합진보당 역시 민주주의에는 턱없이 못 미치는 집단이었으며, 일부 그들이 내비친 이데올로기적 경직성은 민주시민으로서는 결코 수용할 수 없는 것이었다. 이렇듯 적폐세력을 비판한다고 해서 적폐세력이 아니라는 증거가 될 수는 없다.

재야사학계가 바로 이 사례에 해당한다. 그들이 적폐세력으로서 주류 고대사학계를 비판했다고 해서 자신들의 오래 묵은 적폐성을 반증하는 것이 아니다. 주류 고대사학계가 어찌했든 그들의 적폐성은 그들 자신만의 몫이다. 반드시 청산되어야 할 학문적 악습이자 이들의 맹목적인 감염성이 얼마나 청산되는가 역시 시민적 민주주의의 성숙도에 달려있다.

4. 진짜가 무엇인가

고조선사로서 진정한 학문은 매우 낯선 이름 속에 있다. 그것은 윤내현과 복기대와 평양연구팀이다. 이들은 고조선사와 관련하여 가장 적게 알려져 있다. 그러나 그 이름은 한국 고대사의 핵심이자 근원적인 동력이다. 그들이 없었다면 고조선 논쟁이란 말 자체가 존재하지 않는다. 대신 주류 고대사학계의 이론만 교과서와 학계에 제왕처럼 군림하고 재야사학계의 주장들은 멀리서 떠도는 각설이나 환타지에 불과했을 것이다. 그 이름들의 학문 속에는 고조선과 관련된 모든 역사가 녹아있고 이는 본문에서 상술될 것이다. 1980년대 이후 등장한 그 이름들, 특히 윤내현이란 이름으로 인해 해방 후 한국 현대사에 고조선 논쟁이란 개념이 가능했다는 사실은 분명히 기억해야 한다.

그러나 윤내현이란 이름은 온갖 음해와 오해로 얼룩져 있다. 그는 간첩이자 표절자로 낙인 찍혔고, 환단고기 신봉자인 환빠로 오인되었다. 쉬지 않는 마타도어 속에 병들어 갔고 끝내 잊혀지는 듯했다. 그가 주류 고대사학계라는 거대한 권력에 도전했기 때문이다. 하지만 그는 그때마다 되살아났다. 이런 윤내현에 비교할 수 있는 이름이 있다면 노무현 정도다. 세상이 노무현을 '뇌물 먹고 자살한 전직 대통령'이라 불렀듯 세상은 윤내현을 '북한 학자를 표절하다 쫓겨난 사기꾼 학자'라 불렀다. 도처에서 노무현을 그렇게 몰아쳤듯 도처에서 윤내현을 그렇게 몰아쳤다. 심지어 국회에서 공적기관의 수장이 그렇게 몰아쳤다. 오늘날에도 노무현을 그렇게 부르는 사람들이 있듯 오늘날에도 윤내현을 그렇게 부르는 사람들이 있다. 또 한경오를 포함한 자칭 진보세력이 노무현을 멋대로 이용하고 멋대로 사지로 몰아넣은 것처럼 재야사학계를 포함한 소위 민족사학 세력이 그를 멋대로 이용하고 멋대로 사지에 몰아넣었다.

이 책이 하고자 하는 일 중의 하나는 노무현에 묻은 모든 오물을 털어내는 것처럼 윤내현에 들러붙은 온갖 오물을 털어내는 것이다. 그러므로 그것은 이어지는 본문에서 확인하기로 하자. 다만 한 가지 말해두고 싶은 것은 문재인 대통령과 도종환 문체부 장관이 거론한 역사는 윤내현을 포함한 진짜 고대사학자들의 이름과 관계가 있는 듯하다는 것이다. 물론 앞서 말했듯 일개 시민으로서 정부의 의도를 정확히 안다는 건 불가능하다. 그러나 새 정부가 표방하고 실천하는 모든 것에 비추어 볼 때 고대사에서 적폐청산이란 이 작은 이름들을 제대로 드러내는 것을 빼고는 생각하기가 어렵다. 그리고 그것은 아무것도 아닌 것 같은 역사학 한 조각이 한 발 내디뎌야 할 민주주의 실현에 왜 그렇게 중요한가를 말해준다. 고조선에 대해 어떤 이론이 옳은가는 둘째 문제다. 아무도 돌아보지 않는 학계 한구석에서 철저히 은폐되고 소외된 명제, '기회는 균등하고 과정은 공정하며 결과는 정의롭다'는 명제가 실현되는가가 중요하다. 그런 측면에서 '별것 아닌 그 역사학'은 민주주의의 내적 의식으로서 최후의 이정표라 해도 과언이 아니다.

5. 민주시민과 고조선 논쟁

새 정부의 뜬금없는 역사 이야기로부터 부상한 고조선 논쟁의 공정한 회복은 얼마나 가능할 것인가. 그것은 성공할 것인가? 나는 실패할 것이라 생각한다. 개인적인 생각이지만 공정한 고조선 논쟁을 회복하는 일은 검찰 개혁보다 어렵다. 왜 그런가.

일단 이 논쟁은 새 정부와 새 정부를 지지하는 시민들 사이를 갈

라놓을 것이다. 그동안 한국의 진보적 시민들은 독재정권의 이데올로기에 종사하고 건강한 지성을 질식시키는 환단고기류의 고조선 이론과 치열하게 싸워왔다. 그것은 학문적 이론이기보다는 시민의 건강한 상식을 좀먹는 악취와 같았다. 벌써 그 싸움이 수십 년 이어졌다. 이런 상황에서 구분되지 못한 채 환단고기류 역사학으로 취급되어온 윤내현의 이론이 재규정되기는 대단히 어렵다. 새 정부를 지지하는 민주시민들은 표현을 하지 않을지라도 도종환 장관의 역사관에 의심을 품을 것이다. 자신들이 열렬히 지지하는 정부이자 지도자임에도 그렇다.

주류 고대사학계와 이와 결합된 진보사학계는 이 틈새를 노린다. 거기에 진보와 보수를 막론하고 모든 언론이 가세한다. 곧바로 정치세력이 가세할 것임은 두말할 필요도 없다. 이것은 새 정부를 공격할 수 있는 가장 좋은 기회이다. 순수한 학문적 논의로 포장할 수 있으므로 여기엔 어떤 정치적 목적도 없어 보인다. 그러나 그렇기 때문에 모든 정치세력이 이 틈새를 공략할 것이다.

그밖에 여러 조건들이 대단히 혼란스럽게 얽혀있다. 복잡한 학문적 관계나 학자들과의 관계, 보수와 진보, 국회와 행정부를 아우르는 현실 정치 관계, 심지어 미국과 중국과 일본간의 외교적 군사적 관계까지 개입한다. (고조선 문제가 어떻게 그럴 수 있느냐고 묻겠지만 이것은 사실이다. 예를 들어 주류 고대사학계의 고조선사 이론은 중국에 유리하고 미국에 불리하다. 반면 일본에는 유리하고 이 경우에는 미국에도 유리하다. 이처럼 미국에게는 동시에 유리하기도 하고 불리하기도 한 것이어서 미국은 그 균형을 잡으려 한다. 이것들 전부가 한국 고조선 논쟁에 만만치 않은 영향을 미친다.) 그리고 이 모든 것을 처리할 수 있는 인적 역량과 물적 인프라가 턱없이 부족하다.

이런 조건과 과정이 지속되면 새 정부는 결국 역사 이야기를 포기할 것이다. 그보다는 주어진 시기에 해야 할 다른 것들이 훨씬 시급하고 중요하기 때문이다. 그래서 정부가 꺼내놓은 역사 이야기는 새 정부에 상처만 남겨놓은 채 슬그머니 사라질 것이다. 나아가 수백 억 수천 억대의 세금이 투여되는 동북아역사재단과 한국학중앙연구원을 포함한 학계의 모든 자리와 이권이 주류 고대사학계의 수중으로 소리 없이 되돌아갈 것이다. 김정배는 국정화 교과서 프로젝트 위원장이라는 역사를 세탁하고 위대한 고대사학자로 천수를 다할 것이며 대안교과서와 국정화 교과서를 추동하는 진정한 원흉들은 주류 고대사학계의 구석에 숨어, 길고 기름진 생명력과 활력을 축적하다 때가 되면 또다시 출현하여 친일 친독재 논리를 외쳐댈 것이다. 그렇게 해서 지난 국정화 교과서 프로젝트 같은 것을 수천 번이라도 반복할 것이다. 바로 이렇기 때문에 역사회복이 검찰개혁보다 어려운 것이다.

하지만 그렇다 해도 그리 절망할 일은 아니다. 새 정부가 이렇게 거론만 한 것도 어디인가. 옛날에는 생각도 할 수 없던 일이다. 그 한 발 전진만이라도 감지덕지다. 앞에서 말했듯 역사는 겉으로는 별로 중요하지 않은 의식의 문제라 민주주의의 실현에서 최후에 남는 것이다.

그러기에 고조선 논쟁은 민주주의 마지막 이정표라 하는 것이다. 그런 말이 있지 않은가. 미네르바의 부엉이는 황혼에 나래를 편다고. 역사도 그렇다. 그것은 모든 것이 지나간 황혼에 나래를 편다.

나는 고조선과 관련하여 두 권의 책을 출간했다. 그 후 여러 일이 발생했다. 이에 대한 정리가 필요하다는 생각이 들었다. 그래서 고조선 논쟁 전 과정을 요약하기로 했다. 그 위에서 현재의 쟁점과 미래의 전망을 살펴보려 한다.

이 책은 고조선 문제와 논쟁사를 총괄한 최초의 저작이다. 주류 고대사학계가 비슷한 일을 한 적은 있다. 하지만 그것은 박근혜 정부가 국정화 교과서에서 박정희 정권의 역사를 서술한 것과 같다. 고조선 문제가 주류 고대사학계의 이권에 직결된 만큼 주류 고대사학계가 고조선 문제나 논쟁의 역사를 말하는 것은 고양이가 생선을 지키는 것이나 다름없다. 반면 진보사학계나 재야사학계에서는 이런 비슷한 일조차 한 적이 없다.

고조선을 잘 모르는 독자들에게 이 책이 충분히 친절하지는 못하다. 그렇게 친절해서는 간결한 요약이 불가능하다. 그러나 고조선 문제의 본질을 개괄하는 데는 무리가 없다. 오히려 간결하기 때문에 이해가 수월할 수도 있다. 그 점에서는 익숙하지 않는 독자도 만족하리라 생각한다.

기존의 비판적 관점도 그대로 이어간다. 윤내현의 이론(잘 모르는 독자는 본문에서 확인하게 될 것이다.)을 중심에 두고 주류 고대사학계, 진보사학계, 재야사학계에 대한 비판을 심화할 것이다. 주류 고대사학계에 대한 비판이 가장 많고 엄중하다. 그러나 진보사학계와 재야사학계에 대한 비판도 만만치 않다. 그들의 문제도 남김없이 드러날 것이다.

고조선 문제의 핵심은 민주주의다. 주류 고대사학계든 진보사학계든 재야사학계든 그들에 대한 비판도 민주주의와 직결된다. 지금으로서는 독자들이 납득하기 어려울 것이다. 하지만 본문을 읽고 나면 이해가 될 것이라 믿는다. 대신 여기서는 시사적인 사례 하나를 소개하기로 한다.

박근혜 정부의 국정화 교과서 프로젝트를 모르는 사람은 없다. 이를 둘러싸고 2015년 이후에 다음과 같은 일이 발생했다.

첫째, 국정화 교과서 집필 총 책임자로 원로 고대사학자 김정배가 내정되었다.

둘째, 같은 원로 고고학자와 고대사학자인 최몽룡과 신형식도 유력하게 거론되었는데 이중 최몽룡은 성추행 사건이 회자되어 가부를 두고 논란이 많았다.

셋째, 이것과는 별개로 2016년 국회 교문위 국정감사에서 한국학 중앙연구원 원장인 이기동이 물의를 일으킨 적이 있다. 이기동 역시 한국 원로 고대사학자 중 한 명이다. 그는 박근혜-최순실 커넥션의 일부인 전경련 부회장의 추천으로 한국학중앙연구원 원장에 임명되었다는 의혹을 받았다. 이 와중에 그의 불미스런 언행이 돌출하였고 이후 이에 대한 사과 발언이 있었다. 열렬한 뉴라이트 대안 교과서 지지자이기도 한 이기동이 국정화 교과서를 지지하는 인물임은 더 말할 필요도 없다.

이 이야기들은 유명한 사건들이었기 때문에 지금도 쉽게 확인할 수 있는 뉴스들이다.

이 사건 속에는 세 집단의 그림자가 숨어있다.

우선, 주류 고대사학계다. 왜 국정화 교과서 프로젝트에 나선 역사학자들은 주류 고대사학자들뿐인가? 국정화 교과서 프로젝트의 핵심은 박정희 정권 미화 문제, 건국절 문제, 일제강점기 재평가 등 최근 현대사이다. 그런데도 총대를 멘 자들은 모두 한국 고대사학자들이다. 한국에는 중세나 현대사학자들이 없다는 말인가? 왜 모두가 한국 고대사학자들인가?

아는 사람이 거의 없지만 한국 주류 고대사학자들의 모든 학설은 전공을 불문하고 고조선 역사에 대한 특정 이론을 기반으로 한다. 따라서 그 특정 이론이 무너지면 그들의 학설도 무너진다. 그런데 그들은 자신들의 이론을 지키기 위해 줄곧 반칙과 폭력을 행사해 왔다. 이희진의 『식민사학과 한국고대사』에 의하면 그들은 학회지를 독점하고, 학위 부여를 독점하고, 다른 이론을 제기하는 학자들을 추방 압살시키고, 대학과 연구소의 핵심요직을 장악하고, 국가와 사회가 제공하는 연구비를 독점하고, 자신들의 치부를 숨기는 한편 사회적 이미지를 제고하는 광고를 독점해왔다. 이는 모든 학계에 존재하는 이권투쟁 항목 같지만 한국고대사학계는 차원이 다르다. 국문학과 더불어 해외 학계의 검증이 없는 유일한 학계인 한국사학계, 그 중에서도 구중심처에 꼭꼭 숨어 국문학이나 한국현대사학 등과는 달리 일체 일반인의 관심과 검증이 부재하는, 바로 한국 고대사학계에서만 가능한 일이다.

이것은 그들을 취약하게 한다. 정치권력에 취약하게 하고 매수와 협박에 취약하게 한다. 그래서 그들은 국정화 교과서 프로젝트에 축제라도 되는 양 몰려들었다. 모든 사학자들이 전전긍긍 도망다니는데 이들만이 달려들었다는 것은 그들이 얼마나 오랫동안 학문적 만성에 찌들어 왔는가를 보여주는 것이다. 동시에 좀처럼 보기 힘든 그들의 민낯이 국정화 교과서 프로젝트 같은 극단적 상황 속에서 전격적으로 드러난 것이기도 하다.

다음은 진보사학계다. 알다시피 한국 진보사학계의 최대 화두는

'친일청산'과 '독재청산'이다. 따라서 국정화 교과서 프로젝트는 이들의 가장 주요한 투쟁 대상이었다. 하지만 어찌된 일인지 진보사학계는 고대사학계에 대해서만은 관대하다. 국정화 교과서의 총대를 멘 사람들이 모두 원로 고대사학자들임에도 진보사학계는 이들에 대해 비판하지 않는다. 유감 표시가 있을까 말까일 뿐 욕설을 퍼부어도 시원치 않을 마당에 도무지 말이 없다. 왜 그럴까?

실은 어제오늘 일이 아니다. 진보사학계는 항상 고대사학계와 친했다. 이상한 일이다. 널리 알려진 대로 진보사학계 최대의 역작은 '친일인명사전'인데 거기에는 한국 고대사학계의 원조인 이병도가 들어있다. 이병도가 실제 친일파든 아니든, 어쨌든 진보사학계는 그를 친일파로 규정했다. 그런데 한국 주류 고대사학계는 모조리 이병도의 학문적 직계 자손들이 장악하고 있다. 게다가 이들 중 일부는 위 국정화 교과서 사례에서 보았듯 틈만 나면 일제와 이승만과 박정희를 미화하는 데 혈안이고, 원래부터 혈기 찬 반공 전사의 첨병이었으며, 나머지는 소리 없는 침묵으로 이들을 지원하거나 묵인하는 자들이다. 무엇보다 앞서 말한 이들의 학문적 행태속에는 진보사학계의 도덕성이 용납할 수 없는 봉건성과 무도함이 판치고 있다. 진보사학계는 이런 고대사학계와 어떻게 친하게 지낼 수 있는 걸까? 어떻게 국정화 교과서 프로젝트에 앞장선 고대사학계 원로들 앞에서 재갈을 채운 강아지마냥 순하고 고요할 수 있는 걸까? 진보사학계는 정말 진보적인가?

끝으로 재야사학계다. 이들이 구체적으로 무슨 일을 하는지는 몰라도 민족주의 내지 국수주의적 입장에서 원대한 한국 고대사와 고조선을 소리 높여 주장한다는 사실만은 잘 알려져 있다. 때문에 그들은 눈만 뜨면 강단의 고대사학자들을 비판한다. 하지만 예의 국정화교과서 프로젝트에서 드러난 한국 고대사학자들에 대해서는 그렇게 하지 않았다. 평소에는 강단 주류 고대사학자들을 향해 매섭게 달려들던 이들이었지만 국정화 교과서 프로젝트 속의 고대사학자들에 대해서는 호랑이를 만나 꼬리를 내려뜨린 사냥개마냥 침묵했다. 왜 그럴까? 이들 재야사학자들도 국정화 교과서 프로젝트의 지지자들인가? 혹은 고대사 분야에서는 친일잔재 식민사학을 용납할 수 없지만 현대사 분야에서 친일잔재와 독재찬양은 찬성한다는 뜻일까? 그렇다면 이들의 민족주의와 민족사란 무얼 의미하는 걸까?

대충 이 정도다. 무언가, 어디선가, 일그러지고 꼬여있는 게 틀림없다. 나는 이것들이 흔적마저 희미한 고조선과 관련이 있다고 생각한다. 세상엔 종종 아무것도 아닌 일이 치명적 의미를 가질 때가 있다. 예를 들어 30년도 훨씬 전에 형장의 이슬로 사라진 김재규의 발언이 그렇다. 그때 김재규는 불현듯 최태민이라는 이름을 언급했다. 그러나 사람들은 그 이름을 주목하지 않았다. 그래서 그 이름은 그냥 아무것도 아니었다. 하지만 지금은 그렇지 않다는 것을 모두가 알고 있다. 그 괴상한 주술사의 망령이 이렇게 거대한 모습으로 살아 돌아올 줄 누가 알았겠는가.

고조선도 비슷하다. 사람들은 단군 할아버지를 떠올리며 자신들이 고조선을 알고 있다고 생각한다. 그러나 조금만 더 생각하면 고조선에 대해서 구체적인 것은 하나도 모른다는 사실을 깨닫게 된다. 왜 모를까? 다녔던 초, 중, 고등학교 시험문제에 잘 안 나오기 때문인가? 내 의견을 말하자면 모르도록 세뇌되었기 때문이다. 특히 고조선 따위는 먹고 사는 것과 상관없는 사소한 문제에 불과하다고 세뇌되었다. 그것을 세뇌해 누가 어디에 쓰느냐고 물을 수도 있다. 하지만 그에 대해서는 전작들을 참고하기로 하고 여기서는 생략하겠다. 나머지는 본론으로 미룬다.

본론에 들어가기 전에 확인해 둘 것이 있다. 다음 세 가지다.

첫째, 나는 학자가 아니다. 학자란 학자로서 훈련된 자를 말하며 이는 오로지 논문으로만 증명된다. 반면 나는 고조선에 관해 논문을 쓴 적이 없고 그럴 능력도 없다. 따라서 내가 말하는 고조선 이야기는 모두 학자들의 논문을 인용한 것이다. 한편 이는 고조선을 말하는 다른 사람들에게도 적용된다. 자신을 학자라고 말하는 자는 반드시 논문으로 증명해야 한다. 그렇지 않은 자는 스스로 무엇이라 말하든 학자가 아니다.

둘째, 이 책에는 많은 인물이 등장한다. 하지만 나는 이들 중 누구와도 알지 못한다. 사적이든 공적이든 그들과 얼굴 한 번 마주한 적 없다. 또 나는 고조선 관련 학회나 집단 및 단체 어느 곳과도 무관하다. 그런 곳에 가입하거나 그런 곳에서 활동한 적이 없다. 고로 이런 인물이나 단체와 공유하는 어떤 이권도 있을 수 없다. 또 그들과의 인맥에 따른 편파성의 여지도 없다. 내가 부족하거나 틀릴 수는 있지만 사적 관계에 따른 인위적 왜곡을 저지를 수는 없다는 말이다. 내가 도덕성이 높아서가 아니다. 나는 무력한 대중으로서 그런 곳에 접근할 능력도 없고 접근한 적도 없기 때문에 애초 그러고 싶어도 그럴 수가 없는 사람이라는 말이다.

셋째, 나는 이전에 고조선과 관련하여 두 권의 책을 쓴 적이 있다고 했다. 『엉터리 사학자, 가짜고대사』, 『한국 고대사와 그 역적들』이 그것이다. 나는 이 책에서 이 두 권의 전작들을 인용하거나 전제할 것이다. 이는 단순히 전거를 밝히기 위해서가 아닌, 나름의 필사적인 이유가 있다. 고조선 이야기는 복잡해서 논증을 모두 첨가하면 논의를 간략하게 할 수가 없다. 그래서 이 책에서는 논증이나 상세한 이야기를 대폭 생략하는 대신, 논증의 상당부분을 두 권의 전작에 기대겠다는 뜻이다.

이로서 준비가 끝났다.

고조선 논쟁의 거친 황야로 뛰어들 차례이다.

고조선 이해를 위한
핵심개념과 주요쟁점

고조선 논쟁과 한국 민주주의

이야기를 진행하자면 고조선에 대한 기본 사항을 숙지해야 한다. 그런데 고조선 관련 논문은 학계 내부에서만 수백 혹은 수천 편에 이른다. 2009년에 출간된 『고조선사 연구 100년』이란 책이 있는데 이 책 말미에 참고문헌으로 수록된 남북한 학자들의 논문 수는 거의 천 편에 달한다. 함께 수록된 중국 쪽 관련 자료까지 포함하면 근 1천 5백 편이 된다. 어지간해서는 고조선에 대한 간단한 서술이 불가능하다는 말이다. 이렇기 때문에 서언에서 전작에 의거한 생략을 예고했다. 그러니까 여기서 생략이라고 말한 것은 모두 전작에 나와 있다는 뜻이다. 이 전제하에 여기서는 주요 개념과 쟁점을 가능한 한 짧게 요약하고자 한다.

::: 대고조선론과 소고조선론

대고조선론은 고조선이 크고 오래된 고대국가라 주장하는 이론이고, 소고조선론은 고조선이 작고 오래되지 않은 고대 소국가나 부족집단이었다고 주장하는 이론이다. 이 개념은 내가 제안한 개념인데 주류 고대사학계에서는 다른 개념을 사용한다. 평양중심설, 요동중심설, 중심지 이동설 등이 그것이다. 나는 주류 고대사학계의 이 개념을 비판한 적이 있다. 그런데 이 책에서는 그리 중요한 문제가 아니다. 다만 소고조선론 내부의 이론들을 분류할 때만 주류 고대사학계의 개념을 사용할 것이다.

기억해야 할 것은 대고조선론과 소고조선론 내부에서도 여러 다른 이론이 상존한다는 것이다. 대고조선론 내부에서 편차가 더 심한데 차후 주요하게 다루어질 윤내현의 이론과 이른바 '환단고기' 등을 신봉하는 이론 간의 차이가 대표적 사례이다. 이 환단고기식 대고조선론은 문제가 심각하므로 따로 논할 것이다. 반면 소고조선론 내부의 다른 이론들은 서로 사이가 좋은 편이다. 왜 그런가는 뒤로 가면서 저절로 알게 될 것이다.

이제 양 이론의 내용을 최대한으로 축약 정리하기로 한다. 그것은 다음과 같다.

▸▸▸ 대고조선론

- 고조선은 기원전 2000년 이전에 건국되었고, 한반도와 만주 땅을 아우르는 고대 국가였다.
- 중국 한나라 시대 이전 만리장성의 동단은 북경 인근(지금도 관광객들이 만리장성 동단이라 알고 있는) 현 산해관 근처에 있었다.
- 중국이 위만조선을 무너뜨리고 설치한 한사군은 한반도 평양이 아닌 만주 어딘가에 있었다.

▸▸▸ 소고조선론

- 고조선은 서기전 100년대 무렵 한반도에서 겨우 국가 수준의 공동체를 이루었다. 그 마지막 중심지는 한반도의 평양이다. 이전에는 부족이나 부족연합 수준의 집단으로 요동과 한반도 서북부 근처에서 거주 또는 이동하고 있었다.
- 중국 한나라 시대 이전 만리장성의 동단은 현 산해관을 훨씬 넘어 최소한 현 요하까지 뻗어 있었다.
- 중국이 위만조선을 무너뜨리고 설치한 한사군은 한반도의 평양부근에 있었다.

수천 편의 논문과 기타 이론들 속에는 이것 외에 많은 내용이 들어있다. 거기에 사료와 고고학자료 및 논증과정까지 첨가하면 방대한 분량이 된다. 또 이것 외에 거론할 만한 주요 논점이 없는 것도 아니다. 제목만 나열하자면, 최근 떠오른 고대, 중세시대 압록강의 위치와 고구려 장수왕 때 평양의 위치, 고대의 요하는 지금 만주의 요하가 아니라 북경 근처의 난하였다는 주장, 고대 중국 은나라의 기자가 이동한 지점의 위치 등이 그것이다. 그러나 논쟁의 핵심과 결론만을 따진다면 위의 것으로 크게 부족하지 않다. 다른 이야기들은 오

〈그림 1〉 대고조선론 지도 (윤내현의 이론)

히려 쟁점을 호도하고 은폐할 수 있다. 그러므로 익숙하지 않은 독자
는 위의 이야기만 집중하여 각인해 두는 것이 좋다. 나머지는 필요할
때 논의하면 된다.

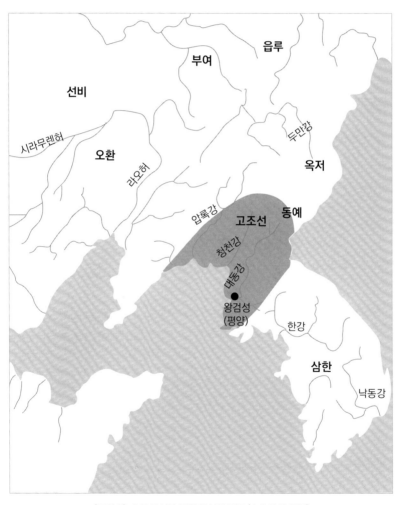

〈그림 2〉 소고조선론 평양중심설 지도(송호정의 이론)

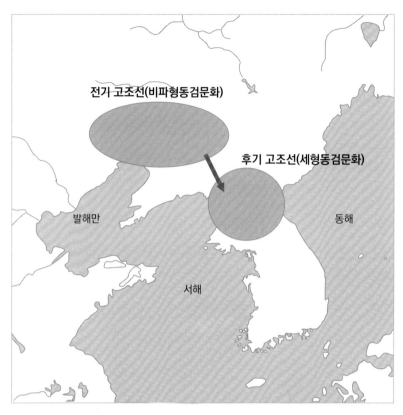

전기 고조선(비파형동검문화)

후기 고조선(세형동검문화)

발해만

동해

서해

〈그림 3〉 소고조선론 중심지 이동설 지도(서영수의 이론)

::: 고조선 논쟁과 만리장성의 동단

위의 이야기들을 더 압축하여 한 단위로 줄이고자 한다.

만리장성의 동단을 어디로 보느냐를 대고선과 소고조선론을 나누는 기준으로 삼는다.

대고조선론은 한나라 시기 만리장성의 동단, 즉 당시 만리장성의 동쪽 끝이 북경 인근, 현 산해관 근처에 있었다고 주장한다.

반면 소고조선론은 그것이 산해관을 동쪽으로 몇 백 킬로 넘어 최소한 요하에까지 이르렀다 주장한다.

만리장성 동단을 산해관 근처라 주장하면 한사군 재 만주설과 기타 대고조선론의 결론들이 저절로 따라 나온다. 반대로 만리장성 동단을 요하이동이라 주장하면 한사군 재 한반도설과 기타 소고조선론의 결론들이 저절로 따라 나온다. 왜 그런지는 생략한다. 왜 이런 기준을 선택했는지도 생략한다. 그러나 기준 자체만은 단단히 기억해 두어야 한다.

::: '환단고기' 문제 정리

먼저 다음 사항을 분명히 해야 한다.

 – 환단고기는 역사 서술의 근거로 사용되어서는 안 된다.
 – 이 말에 동의할 수 없는 독자는 당장 이 책을 덮고 떠나라.

독자들이 이 명제를 받아들였다는 전제하에 '환단고기'에 대해 말하겠다. '환단고기'와 비슷한 것으로 '부도지', '규원사화' 같은 책이 있는데 쟁점이 유사한 만큼 그것들에 대해서는 생략한다. 그럼에도 '환단고기' 문제는 심각하기 때문에 다소 긴 설명이 필요하다.

'환단고기'라는 책은 1979년에 처음 출간되었는데 원래 출처는 이유립이라는 사람이다. 그 이전 판본이 있다고 하지만 1979년 이전 것은 발견되지 않았다. 이유립은 그의 스승 계연수가 1911년에 고서들을 모아 편집한 이 책을 1979년 무렵에 출간했다고 말했다. 벌써 골치가 아프다. 지금 말한 이 짧은 내용조차 어지간히 사연이 많다. 그러므로 그 나머지 내력은 모두 생략한다.

문제는 이 책이 위서논쟁, 즉 책의 저자로 명시된 저자가 아닌 다른 사람이 쓴 책을 명시된 저자의 작품이라 주장한다는 의혹에 싸인 것이다. 이 주장에 따르면 실제 저자는(다른 책을 베꼈든 참고했든 직접 썼든) 이유립일 가능성이 높다. 물론 그 외의 다른 사람 혹은 다른 복수의 사람일 수도 있다.

그럼 서두를 이 정도로 하고 쟁점을 정리하기로 한다.

첫째, 그래서 이 책은 위서인가? 답은 '정확히는 모른다'이고 '심정적으로는 위서일 가능성이 높지만 아직 확증되지는 않았다'고 해야 한다. 그런데 종종 이것이 위서로 확증되었다고 말하는 사람이 있다. 그건 옳지 않다. 특히 주류 고대사학계에서 이런 애기를 많이 하는데 오히려 그런 주장을 담은 논문들이 더 문제일 때도 있다. 그것은 '환단고기'가 가지는 문제만큼이나 심각해서 그런 논문들을 근거로 함부로 위서임이 확증되었다고 주장하는 것은 학문적으로는 물론 상식선에서도 바람직하지 않다.

예를 들어 2017년에 출간된 『한국고대사와 사이비역사학』의 저자 중 한 사람인 기경량이 그렇다. 그의 논문 「사이비역사학과 역사 파시즘」에서 (15쪽) 기경량은 '명백한 위서인 『환단고기』의 문제점은……적나라하게 폭로되었다'고 썼다. 『환단고기』는 명백한 위서라는 것이다. 그리고 각주에 근 10개에 달하는 논문 제목들을 달아 두었다. 이것은 2010년 이문영의 글을 빼면 모두 2000년 이전 것이다. 이문영의 2010년 글도 그 이전 논문들과 별반 다른 게 없다. 그럼 이것들로 '환단고기'가 위서임이 명백해졌는가? 그렇지 않다. 이에 대한 반론이 2005년 성삼제의 『고조선 사라진 역사』에서 치밀하고 날카롭게 제기된 적이 있다. 그는 기경량이 각주에 단 위 논문들을 전체적으로 비판했는데 오히려 주류 고대사학계의 주장이 담고 있는 황당한 점들이 폭로되었다. 성삼제의 주장에 따르자면 주류 고대사학계는 아무것도 증명하지 못한 것이다.

이게 문제다. '환단고기'가 위서라는 건 심증일 뿐 실증되지 않았다. 그런데 왜 '심증'을 '실증'으로 바꾸어 놓는가. 게다가 성삼제 같은 사람의 중대한 반론이 있다는 건 언급조차 하지 않는다. 이 책『한국 고대사와 사이비역사학』은 일부 재야사학계의 사이비성을 주장하는 책인데 이래서는 본인들이 사이비가 될 것이다.

기경량 등이 이 책에서 가장 열심히 비판하는 인물은 유명한 이덕일이다. 그런데 바로 이덕일 그가 기경량 등의 '환단고기' 위서 확증론을 맹렬하게 비판하고 다닌다. 이덕일의 말을 듣자면 오히려 기경량 등이 더 문제다. 기경량 등은 그걸 모르고 있는 건지 아니면 알고도 모르는 척하는 건지는 알 수 없다. 그러나 어느 쪽이든 자신들에 대한 중요한 비판, 정당하고 외면할 수 없는 비판을 덮어버리고 자기 편한 말만 하는 모습은 대중을 우롱하는 사이비역사학자의 모습이다. 사실 이는 주류 고대사학계의 가장 심각한 문제 중 하나이다. 그러니까 '환단고기'를 함부로 위서라고 단정하면 안 된다. 위서일 가능성이 높고 여타 문제가 많아 사료로 사용할 수 없다는 것으로 충분하다.

한편 이 이야기에 등장한 성삼제라는 인물, 기경량과 같은 주류 고대사학자들의 논법에 대해서는 많은 이야기를 해야 한다. 하지만 뒤로 미루고 여기서는 생략하기로 한다.

둘째, 그럼 왜 이 책은 역사서술의 근거로 사용되어서는 안 되는가? 위서는 물론이려니와 (단순한 비방이나 매도가 아닌 정당한) 위서 논쟁에 싸인 책도 가부가 판명되기 전에는 당연히 근거로 사용될 수 없다. 이건 누구라도 동의해야 한다. 만일 이걸 어긴다면 역사는 존재할 수 없다. 단지 역사라는 이름의 문학만 존재한다.

만에 하나 이 책이 위서 아닌 진서로 판명된다면 역사서술의 근거로 사용될 수 있는가? 물론 아직 안 된다. 진서라 해도 그 내용이 현재의 역사 상식이나 역사인식과 크게 다르다면 매 항목의 진실 여부가 먼저 가려져야 한다. 그 전에 진서, 즉 명시된 저자가 진짜 저자라는 이유만으로 역사서술의 근거로 사용되어서는 안 된다. 사마천의 『사기』처럼 위대한 역사서도 사안에 따라 사료검증을 거치는 마당에 낯선 이야기로 가득 찬 책이 검증도 없이 어떻게 통째로 사료가 된단 말인가. 이것 역시 모두 동의해야 하며 부정한다면 마찬가지로 역사를 부정하겠다는 말이 된다. 이 경우에도 역사 대신 문학만 존재하게 될 것이다.

또 어떤 사람들(천문학자 박창범과 그 지지자들을 말한다)은 천문학 연구를 통해 '환단고기'의 몇 구절이 사실로 실증되었음을 주장하고 이를 통해 '환단고기' 전체를 신뢰할 만한 역사서라 말하기도 한다. 그러나 실증되었다는 그것도 논란의 여지가 있고 설혹 그게 사실이라 한들 그 많은 내용 중 몇 구절이 실증되었다 해서 책 전체의 진실성을 주장할 수는 없다. 사실의 일부가 들어있지 않은 판타지 소설이 존재하는가? 예를 들어 모든 사기 행위가 사실과 거짓의 배합이라는 건 아

이들도 안다. 하물며 환단고기같은 책이 역사에 적용된다는 건 어림도 없다. 그러므로 '환단고기'는 검증되기 전에는 어떤 경우라도 역사서술의 근거로 사용할 수 없다. 이 책은 다른 역사의 근거로 쓸 수 있는 책이 아니라 올바른 역사에 의해서 가부가 검증되어야 하는 책이다.

셋째, 그럼 '환단고기'는 아무런 의미나 가치도 없는 책인가? 그렇지는 않다. 문학 작품이라 해도 역사적으로 중대한 의미와 가치를 가질 수 있다. 세상의 모든 신화 동화 전설이 다 그렇다. 다만 그것들이 검증 없이 함부로 역사서술의 근거로 사용되지 않을 뿐이다. 또 신화나 전설은 역사 분야 이외의 문학이나 철학 등 다양한 측면에서도 의미를 갖는다. '환단고기'도 그렇다. 이 책이 설혹 위서라 해도 그 내용의 방대함이나 다른 관련 서적과 유사성을 감안할 때 가짜 저자는 반드시 다양한 자료들을 참고했을 것이며, 이는 차후 검증에 따라 여러 가지 의미를 드러낼 수 있다. 실제로 그런 일을 한 사람이 있는데『고조선을 딛고서 포스트 고조선으로』의 저자 박병섭이 그렇다. 이 책이 제대로 되었는가는 둘째치고 '환단고기'를 객관적 관점에서 연구하고 의미화하려는 시도가 돋보이는 책이다. 더구나 그는 환단고기를 중시하면서도 주류 고대사학계의 위서 논쟁을 긍정적으로 수용하고 있다. '환단고기'는 그런 차원에서 연구되어야 하는 책이다. 반면, 다시 반복하거니와, 역사서술의 근거로 검증 없이 사용되는 건 금물이다.

넷째, '식빠'와 '환빠'라는 말이 있다. '식빠'는 대고조선론자가 소고조선론자를 폄하하여 부르는 말로서 '식민사학빠'의 준말이고 '환빠'는 소고조선론자가 대고조선론자를 폄하하여 부르는 말로서 '환단고기빠'의 준말이다. 아닌 게 아니라 이런 말을 들어 마땅한 자들도 있다. 논리 없이 반칙과 폭력적 언행을 행사하는 자들이 그들이다. 이들은 강단과 재야를 막론하고 각 진영에 상존한다. 다만 여기서 이 말을 하는 이유는 '환빠'가 '환단고기'에서 유래했다는 사실을 지적하려는 것이다. '환단고기'는 그만큼 남용되기 쉬우며 그만큼 주의가 필요한 책이다.

이상으로 '환단고기'에 대한 대략의 정리를 마친다. 다시 한 번 확인하자. '환단고기'는 역사서술, 특히 고조선과 고대사 역사서술의 근거로 사용되어서는 안 된다. 여기에 동의하지 않는다면 당장 이 책을 덮고 떠나라.

::: 고조선 논쟁과 윤내현이라는 학자

윤내현은 이 책에서 가장 중요한 인물이다. 윤내현을 제외한 고조선 논쟁은 사실상 의미가 없다. 고조선 논쟁 자체가 이 인물 때문에 발생했다 해도 과언이 아니다. 하지만 일반 대중은 이 사실을 잘 모른다. 그러므로 여기서 확인해두어야 한다. 먼저 요약을 보자.

> 첫째, 해방 이후 남한 고조선 논쟁은 사실상 윤내현의 저작, 특히 『고조선 연구』를 포함한 그의 일련의 저작에서 비롯되었다
>
> 둘째, 윤내현은 남한의 대표적인 대고조선론자이며 사실상 유일한 대고조선론자이다.
>
> 셋째, 윤내현은 학문적으로 완벽하며 학자로서 완전한 인물이었다.
>
> 넷째, 윤내현은 '환단고기'류의 서적을 사료나 논증의 근거로 사용한 적이 없다.
>
> 다섯째, 2010년 무렵, 윤내현은 절정의 활동 중이었지만 앓고 있던 병환이 악화되어 더 이상 활동을 할 수 없게 된다. 이후 일선에서 은퇴하였으며 지금까지 투병 중에 있다.

처음 듣는 사람에겐 놀라운 얘기들일 수 있다. 그러므로 납득할 만한 설명이 필요하다. 단 아래 설명 중에 등장하는 인물들은 차후 상술할 것이므로 여기서는 이름 정도만 기억해 두기로 하자.

첫째, 왜 그로 인해 남한의 고조선 논쟁이 시작되었다는 것인가.

해방 전 대표적인 대고조선론자는 신채호와 정인보이다. (이들에 대해서는 뒤에 다시 논한다.) 그러나 신채호는 1936년 일제에 의해 여순 감옥에서 옥사하였고, 정인보는 한국전쟁 중 납북되어 실종되었다. 이로 인해 해방 후 복잡한 정치 사회 상황과 더불어 남한의 대고조선론은 일순 종말을 고했다. 다른 대고조선론자가 없었던 건 아니다. 주요하게는 재야사학자로 불리는 사람들이 있었다. 그러나 그들의 학문적 수준은 일천했다. 주류 고대사학계에서는 이들에 대해 학문적으로 대응하지 않았다. 그러므로 당시 재야사학계 대고조선론자들의 성토나 고발이 있었고, 이에 대한 주류 고대사학자들의 비학문적 대응은 있어도 양자 간에 학문적 논쟁은 존재하지 않았다.

1982년, 다소 갑작스럽게 윤내현이 등장했다. 그는 중국고대사를 전공한 단국대 교수로 당시 학문적으로 원숙한 40대의 학자였다. 그는 「기자신고」라는 논문으로 무대인사(?)를 대신했는데 별것 아닌 것 같았던 이 무대인사는 주류 고대사학계는 물론 그 자신조차 예상치 못한 폭풍을 몰고 왔다. 애초 「기자신고」 한 편으로 그치려 했던 윤내현은 이런 저런 이유로 고조선연구에 몰입하게 된다. 1986년, 첫 번째 대작 『한국 고대사신론』이 출간되었다. 이후 30년에 걸쳐 그는 엄청난 저작과 활동을 남긴다. 윤내현의 이론은 그전 재야사학계 대고조선론과는 차원이 다른 것으로 학문적으로 대단히 강력했다. 주류 고대사학계는 더 이상 방관할 수 없었다. 처음엔 분노와 비난을 내뱉는 것으로 대응했다. 그러나 학문적으로는 과거 재야사학계를 대했던 것처럼 거만이나 떨며 앉아 있는 것으로는 어림도 없었다. 그들은 다급했다. 그래서 그들은 무능하고 준비되어 있지 않았음에도 도발을 시작했다.

1987년 마침내 주류 고대사학계가 『한국사 시민강좌』라는 잡지를 개설하면서 반격을 시작했다. 이 잡지를 기획 편집 총괄한 사람은 당대 최고의 주류 강단사학자인 이기백이었으며, 그의 총괄하에 고조선 분야에서 첫 번째 총대를 멘 사람은 윤내현의 같은 대학 같은 학과 후배 교수인 서영수였다.

1988년 벽두, 『한국사 시민강과』 2집 고조선 특집호에 일련의 부실한 논문과 논고들이 게재되었다. 그중 핵심은 서영수의 「고조선의 위치와 강역」인데, 윤내현 등장 이후 주류 고대사학계가 제출한 첫 번째 정식논문(내용은 형편없을지라도 형식은 그렇다)이다. 바로 이것이 남한 고조선 논쟁의 시작이다.

그로부터 2년 후인 1990년 주류 고대사학계의 진정한 대부인 노태돈의 「고조선 중심지의 변천에 대한 연구」가 발표되고, 그로부터 5년후 윤내현 최고의 역작 『고조선 연구』가 간행된다. 이 책이야말로 현시기 남한 대고조선론의 정점이자 완결이라 할 수 있다. 1998년 윤내현의 마지막 대작 『한국 열국사 연구』, 2003년 송호정의 『한국 고대사 속의 고조선』, 2006년 오강원의 『비파형동검문화와 요령지역의 청동기 문화』가 차례로 간행되었다. 이들 가운데 송호정, 오강원은 대부 노태돈이 손수 키워낸 충실한 제자들이다.

그리고 이것으로 끝이다. 이 구도, 즉 윤내현과 나머지의 일당백의 구도가 시작점인 1988년 이후 30년, 또 오강원의 책이 출간된 2006년 이후 10년이 지난 최근까지도 사실상 변하지 않았다(현재 중요한 변화의 조짐들이 있는데 이에 대해서는 뒤에서 상술한다). 위의 저작들 이후 김정배가, 그러니까 위대한 국정화 교과서 프로젝트의 총수인 김정배가 2010년에, 야심차게 출간한『고조선에 대한 새로운 해석』같은 것은 별 의미가 없다. 심지어 2016년 '동북아역사재단'이란 곳에서 줄기차게 이어진 상고사 토론회를 남김없이 들어보아도 역시 별 의미 없다. 주류 고대사학계 측에는 새로 등장한 얼굴이 몇 있을 뿐 내용은 모두 그 밥에 그 나물이다. 그저 대고조선론 측, 윤내현의 유일한 제자 복기대의 약진이 주목될 뿐 나머지는 그때 그 시절에서 거의 변한 것이 없다. 강산이 3번 바뀐 30년이 흘렀는데도 근본적인 논쟁구도와 소재가 바뀌지 않았다는 것. 이것이 윤내현이 한국 고조선 논쟁의 사실상 유일한 당사자인 소치이다. 누가 뭐래든, 아무리 그의 이름을 숨기고 거론하지 않으려 해도, 현재까지 그는 남한 고조선 논쟁의 알파와 오메가이다.

둘째, 왜 그는 유일한 대고조선론자인가?

윤내현 외에도 대고조선론자는 많다. 예를 들어 윤내현의 이론을 대폭 수용하는 그의 제자 복기대 교수가 그렇고 윤내현과 함께 연구한 고대 복식 연구자 박선희 교수도 당연히, 그리고 훌륭한 대고조선론자다. 그 외의 학자들 및 재야사학자들과 '환단고기'를 신봉하는 대고조선론자까지 포함하면 많다 못해 차고 넘친다. 그러나 이들 중 총론으로서 고조선을 정리하고 그것을 엄밀한 학문적 수준으로 완비한 사람은 윤내현 한 사람뿐이다. 고조선에 관한 총론이란 고조선의 위치와 강역, 건국이전에서 건국을 거쳐 멸망에 이르기까지 연대사, 기타 고조선의 정치 경제 문화 사회까지 전 분야를 유기적 연관 속에서 전체적으로 서술한 것을 말한다. 또 학문적 수준의 완비란 방법론에서 자료검토 및 사료해석과 논증에 이르기까지 학문적으로 나무랄데가 없다는 뜻이다. 다른 대고조선론자 중에 이런 사람은 없다. 오로지 윤내현만이 이렇게 했다. 그래서 그를 사실상 유일한 대고조선론자라 말하는 것이다. 따라서 만일 대고조선론을 진실로 학문답게 다루는 자가 있다면 그는 얼마를 수용하거나 거부하든 언제나 윤내현의 이론을 기반으로 한다. 그렇지 않은 자는 대고조선론자가 아니거나 거의 예외 없이 학문적으로 준비가 덜된 사람이다. 혹은 부분적이고 편파적인 몇 권의 한문책을 뒤적이며 자족에 그치는 자들이다.

셋째, 왜 윤내현이 학문적으로 완벽하며 학자로서 완전하다 말하는가?

이것은 칭찬이나 헌사 따위가 아니다. 이를 명시해야 할 아주 중요한 이유가 있다.

우선 학문적 완벽성이다. 고조선을 연구하려면 학자로서 훈련된 바가 있어야 하며, 이것을 분명히 하는 것은 고조선을 함부로 언급하는 것이 왜 문제인가를 알려준다. 한 번 보라.

윤내현은 중국 고대사 전공자라고 했다. 자세한 내용은 생략하겠지만 이 분야에서도 윤내현의 업적은 충실했다. 따라서 그는 중국 고대 갑골문학, 한문학, 고대사학자로서 고고학적 감식력 등 그 분야에 필요한 모든 것을 전문적으로 훈련한 사람이다. 그렇기에 고조선사 연구에 최고로 적합한 사람이었다. 이런 그가 고조선을 치밀하게 연구했다. 모르긴 몰라도 고조선 학계에 이런 사람은 한 명도 없을 것이며, 앞으로도 탄생하기 어려울 것이다.

이는 충실한 고조선 역사학자를 만나는 게 얼마나 어려운 일인가를 말한다. 그렇다면 한국에서 고조선을 고민하는 사람들은 한 번쯤 돌이켜보아야 한다. 과연 윤내현만큼 훈련되었는가? 혹은 얼마나 거기에 필적하는가? 그럼에도 말과 글을 쉽게 하려 한다면 스스로 경계해야 하지 않는가?

다음은 학자로서 완전성이다. 이것은 심각한 문제이다. 왜냐하면 윤내현의 반대자들, 그러니까 주류 고대사학자들이 몹시 부당한 방식으로 윤내현을 인신공격했기 때문이다. 그를 북한 학자를 표절한 표절자로 몰고, 빨갱이라고 고발했으며, 군사정부의 후원을 받는다고 거짓된 비난을 했다. 실은 이 패륜적 행태들이야말로 이 책의 진정한 주제이다. 고조선 논쟁과 민주주의의의 관련성이 직접적으로 드러난 사례이기 때문이다. 이 문제는 뒤에서 주요하게 다루어질 것이다.

윤내현에 대한 그런 음해는 말도 안 되는 소리다. 그렇기는커녕 그는 일생을 통해 오로지 공부하고, 학생들을 가르쳤으며, 학문 활동에 헌신했을 뿐이다. 학문적 자세와 학문을 대하는 눈매는 매서웠지만 사람으로서 성품은 태생 자체가 순박한 사람이라 해도 과언이 아니다. 또 그는 자신의 이론과 크게 다른 북한의 고조선론을 철저하고 집요하게 비판했다. 그런 그가 어떻게 표절을 하고 간첩질을 할 수 있단 말인가. 이 모든 것은 윤내현 한 사람이 아니라 전 사회적 관점에서 재고되어야 한다. 그의 학자로서의 품격을 거론한 이유가 여기에 있다.

넷째, 윤내현은 '환단고기'류의 서적을 사료나 논증의 근거로 사용한 적이 없다. 이런 말을 해야 하는 현실이 슬프다. 대고조선론자라 해서 윤내현을 '환단고기'의 아류나 '환빠'로 오판 내지 음해하는 것을 경계하고자 이런 말을 해야 하기 때문이다. 윤내현은 '환단고기'류의 서적에 대해 다음과 같은 취지의 한 가지 사실만 지적했다. '위서 논쟁이 있으므로 이 책들은 사료로 사용할 수 없다. 다만 비슷한 여러 책들이 역대 단군에 대해 동일한 목록을 제시하고 있어 참고로 제시한다.'가 그것이다. 내 입장에서 보자면 여러 함의가 담긴 적절한 언급이다. 하지만 그에 대해서는 생략하겠다. 어쨌든 윤내현은 '환단고기'류 서적들과 무관하다.

다섯째, 2010년 무렵, 윤내현은 아직 절정의 활동 중이었지만 앓고 있던 병환이 악화된다. 이후 일선에서 은퇴하였으며 지금까지 투병 중에 있다. 슬픈 일이지만 이것도 그의 신상 이야기에 그치는 것이 아니다. 윤내현의 은퇴는 주류 고대사학계의 소리 없는 변화를 초래했다. 여러 가지가 있지만 여기서는 두 가지만 말하고자 한다.

하나는 윤내현을 물어뜯던 주류 고대사학계가 갑자기 그에 대한 공격을 중지했다는 것이다. 심지어는 그를 일정 정도 공헌이 있는 학자라는 평가까지 한다. 이는 일종의 역사세탁이다. 그들이 윤내현을 통해 자행한 죄악을 덮어버리고, 이것을 세상과 대중이 모르도록 하려는 것이다. 윤내현이 물러난 이상 비열한 음해는 더 이상 필요가 없어졌다.

다른 하나는 이런 윤내현을 가능한 언급하지 않거나 윤내현에 대한 주의를 극소화시키려 했다는 것이다. 이는 윤내현의 대고조선론을 할 수 있는 한 구석에 숨겨두려는 것이다. 그렇게 해야 사람들이 윤내현을 모른다. 이는 소리 없이 윤내현의 이론을 압사시키기 위한 최선의 방책이었다.

이것은 범죄를 저지른 권력자, 과거의 독재자와 그 부역자, 과거 친일파와 그 후손들이 하는 방식과 똑같다. 주류 고대사학자들이 점잖고 교양 있는 학자처럼 보이는가? 하지만 영화 속의 악당들은 종종 근사하지 않은가! 그러니 조심하라, 한 꺼풀만 벗기면 끔찍한 맨얼굴을 마주하게 될지도 모른다. 물론 그들 이면의 얼굴도 영원히 숨길 수 없다. 역사세탁 또한 영원히 성공할 수는 없다.

::: 또 하나의 거목, 원로 사회학자 신용하

신용하는 유명한 학자이다. 서울대 사회학과 교수, 동 사회과학대학 학장, 한국사회학회 회장, 한양대 및 이화여대 석좌교수 등을 역임했다. 학문적 업적도 굉장해서 2017년 서울대학교출판문화원에서 출간한 『한국민족의 기원과 형성연구』 표지에 소개된 그의 저작 목록만 해도 57권에 달한다.

이런 신용하가 고조선논쟁과 관련이 있으리라는 생각은 잘 안 든다. 하지만 꼭 짚어두고 가야하는 학자이다.

그는 본래 민족사회학 연구로 일찍부터 알려져 있었다. 한편 2008년에는 '고조선 학회'라는 단체가 설립된다. 이 학회의 설립과 종말에 대해 하고 싶은 이야기가 많다. 하지만 생략하고 여기서는 이것이 윤내현과 신용하를 주축으로 창립되었다는 사실만 짚어두자. 신용하는 기왕의 연구를 바탕으로 이 학회에서 윤내현과 학제 간 연구를 시작했으며, 이를 계기로 대단한 도약을 시도함과 동시에 일생의 구상을 전개하고 마무리한다.

나는 위의 책 『한국민족의 기원과 형성연구』를 보고 내용과는 별개의 감동과 고통을 느꼈다. 2017년 이미 80을 넘어선 노학자가, 비록 이전 연구의 확대 심화일지언정, 장장 400페이지가 넘는 역작을 남겼던 것으로 사정을 아는 사람은 누구나 나와 같은 심정을 느꼈을 것이다.

신용하는 특별한 대고조선론을 전개한다. 아마도 엄밀한 학문적 시론 중에서는 가장 규모가 크고 과감할 것이다. 이런 신용하의 대고조선론을 주류 고대사학계가 싫어할 것은 두말할 필요가 없다. 그야 안 봐도 뻔한 일이니 그에 대해서는 그만하고 대신 신용하의 이론 자체에 주목하기로 한다.

이른바 '사회학적 상상력'과 '방대한 학제간 융합'을 모토로 전개되는 그의 대고조선론은 신석기 시대 한강 유역 '한(韓)부족'의 형성과 이들의 한반도 및 만주 전역으로 확산에서부터 시작한다. 벌써 여기서부터 그 규모와 과감성이 느껴진다. 따라서 이렇게만 말해서는 감도 안 가고 신뢰감도 생기지 않는다. 그보다는 그 이론의 전체구도와 학문적 방법론의 적합성을 살펴보는 게 낫다.

신용하의 '사회학적 상상력'과 '학제 간 융합'이란 무엇인가. 우선 사회학과 인류학 등에서 제기된 민족에 관한 이론을 정리하고 원민족, 전근대민족, 근대민족 등의 개념을 제공한다. 이것은 막강한 것으로 주류 고대사학계를 포함한 전 학계의 민족 개념을 비판한 것이기도 하다.

예를 들어 주류 고대사학계는 민족개념을 가능한 한 축소시킨다. 민족이란 근대 이후에 생겨났다는 것이다. 이것은 신용하의 민족개념과 반대다. 그러나 그들이 신용하를 넘어설 수는 없다. 그들은 민족문제 전문가가 아니며, 그런 만큼 따로 연구를 하기 전에는 문외한에 불과하다. 때문에 그들은 진보사학계 학자가 연구한 민족개념에 기대곤 한다. 하지만 진보사학계도 민족 문제에 취약하긴 마찬가지다. 알다시피 한국의 진보사학계는 민족주의를 좋아하지 않는다. 그러면서도 친일파를 비판할 때는 암묵적으로라도 민족주의를 내세워야 하므로 기묘한 분열증에 시달리는 중이다.

이런 상황에서 신용하가 제시하는 민족개념은 이들 앞에 마주선 거대한 벽이다. 그게 언제든 그들 모두는 신용하의 민족개념 앞에서 자신들의 어설픈 민족개념을 평가받게 될 것이다. 이것이 신용하의 첫 번째 위력이다.

다음으로는 사실과 '사회학적 상상력'으로서 추론을 명확히 구분하는 그의 학문적 태도가 중요하다. 그의 모든 추론은 오로지 사실을 기반으로 한다. 수도 없지만 하나만 예를 들어보자.

'소로리 볍씨'라는 것이 있다. 남한강과 금강 상류 사이, 충청북도 청원군 소로리에서 이융조 교수팀이 발견한 18톨의 볍씨 유물이다. 이를 발표한 논문은 2003년에 나왔다고 한다. 문제는 이것이 엄밀한 측정을 거쳐 1만 2천 년 전 것임이 확인되었다는 것이다. 이것은 세계 최초의 단립벼 재배지가 한반도의 한강 유역이었을 가능성을 시사한다.

나는 본래 이런 이야기를 잘 안 믿으며, 지금도 이에 대한 다른 반론을 기다리는 중이다. 그러나 어쨌든 신용하가 인용한 이 자료는 출처가 분명한 논문으로 각주에 명확히 기록되어 있다. 그렇다면 할 수 없다. 다른 학자의 반론이 나올 때까지 이 자료를 받아들여야 하며, 이에 따라 제대로 추론이 되었다면 한강 지역이 세계 최초의 단립벼 재배지라는 설도 받아들일 준비를 해야 한다.

신용하의 이론에는 이와 같은 자료들이 꽉 차있다. 학제 간 융합에서 온 기후학, 지리학, 역사학적 자료들은 학문적으로 빈틈없이 처리되었다. 따라서 이로부터 추론된 그의 '사회학적 상상력'은 동의할 수는 없을지언정 무시할 수는 없다. 그는 '사회학적 상상력'이란 새로운 방법론을 문자 그대로 실증해보인 것이다.

원래 주류 고대사학계는 이런 신용하의 이론을 누구보다 앞서 비판적으로 검증해 주어야 한다. 하지만 일언반구도 없으며, 사람들이 관심을 가지지 않는 한 영원히 방치할 것이다. 나는 이런 고대사학계의 태도를 잘 안다. 그래서 애초 기대도 안 한다. 다만 이 노대가의 역작이 그냥 사라지지 않을 것이라는 점만은 확신한다. 나중에 어떤 전문가든 신용하의 이론을 검토하게 될 것이다.

이 책의 주제에 비추면 신용하도 깊게 다루어야 한다. 하지만 이것도 여기에서 멈추기로 한다.

::: 북한의 고대사학자들: 리지린, 김석형, 조희승

북한의 대고조선론은 남한보다 앞서 성립하였다. 1960년대 중반부터이다. 그 자체로 중요한 이야기지만 이 책의 주제는 남한 고조선 논쟁이므로 필요한 것만 약술하겠다.

- 리지린과 그의 저작 『고조선 연구』는 (윤내현의 『고조선 연구』와 제목은 같지만 다른 책이다) 1960년대 북한 대고조선론을 정립한 기념비적 인물이자 저술이다. 특히 『고조선 연구』에서 성취한 방대한 자료의 탐색은 전대미문의 것이었다. 그것은 차후 남북한을 막론한 모든 고조선 연구를 질적으로 바꾸어 놓았다고 할 수 있다.
- 김석형과 그의 저작 『초기조일관계연구』는 1960년대 고대 한일관계사를 재정립한 기념비적 인물이자 저술이다. 그의 이 작업으로 일본의 임나일본부를 통한 한반도 남부경영이라는 우익적 역사 이론은 사실상 종말을 고했다. 이런 그의 업적은 북한과 남한과 일본을 넘어 해당 분야에서 그에게 세계적인 명성을 부여했다.
- 조희승은 김석형의 제자로 두 권의 주요한 책을 저술했다. 1990년에 출간된 『일본에서 조선소국의 형성과 발전』은 스승 김석형과의 연구를 이어받아 고대한일관계사를 심화한 것이다. 1994년에 출간된 『가야사 연구』는 가야사를 체계화 한 것으로 그의 기존 연구인 고대한일관계사를 보완하는 것이기도 하다.

- 이외 1987년 박진욱, 황기덕, 강인숙의 논문을 수록한 『비파형단검 문화에 관한 연구』는 주목해야 할 책이다. 남북한을 막론하고 유명한 비파형동검문화에 대한 오늘날의 인식은 이 책에 기대는 바가 적지 않다.
- 이 책들은 비치되어 있는 주요 도서관에서 찾아볼 수 있다.

리지린의 가공할 만한 자료 탐색 역량은 한국 주류 고대사학계에서도 인정한다. 그런데 리지린의 연구는 윤내현이 등장하기 전까지 남한에 영향을 끼치지 않았다. 소고조선론 일색인 남한 학계에서는 관심조차 보이지 않았다. 윤내현 이후 남한의 대고조선론이 등장하면서 그나마 리지린의 이름이 대중에게도 알려졌다. 말했던 대로 고조선 연구를 질적으로 바꾸었으므로 꼭 기억해 두어야 할 인물이다.

김석형은 남한 고대사에서 유별난 의미를 갖는다. 김석형의 이론은 일본이 한반도 남부지방에 임나일본부를 세워 지배하기는커녕 한반도의 고구려, 백제, 신라 등 제 국가가 일본에 분국을 세워 지배를 했다고 말했다. 나아가 일본 고대사 전체가 한반도의 가야나 백제인에 의해 건설되었다고 주장했다.

남한 주류고대사학계는 이런 김석형의 이론을 좋아하지 않는다. 그들은 일본의 임나일본부설 이상으로 김석형의 이론을 싫어한다. 사실 김석형의 이론을 비판하고 넘어서는 건 한국 주류 고대사학계의 주요 과제 중 하나라 해도 과언이 아니다. 이들이 김석형의 이론에 종종 과도한 반응을 보이는 이유가 여기에 있다.

조희승의『가야사 연구』도 김석형의 한일 고대관계사와 같은 맥락에 있다. 1994년 조희승의『가야사연구』가 출간되기 1년 전 남한에서는 김태식의『가야연맹사』가 출간되었는데 이는 해당 분야에 맹렬한 기세로 등장한 북한 조희승의 활동과 무관해 보이지 않는다. 김태식의 이 책을 지도한 주요 인물은 김철준(1989년에 사망했다)과 노태돈인데 둘 다 주류 고대사학계의 중추적인 인물이다. 김철준은 이런 저런 사건으로 유명하고 노태돈은 주류 고대사학계 후학들을 키우는데 안 끼는 데가 없다. 김태식은 이들의 후원 속에 성장하였으며, 그 유명했던 동북아역사재단의 역사지도만들기 프로젝트에 참가했던 인물이다.

　　이런 맥락에서 조희승의『가야사 연구』와 김태식의『가야연맹사』의 말미는 참으로 인상적인 대조를 이룬다. 둘 다 임나일본부설에 대한 연구를 첨부했는데, 주요한 공통주제의 하나는『일본서기』에 나오는 지명인 '탁순'과 '녹기탄'이 어디인가를 찾아내는 것이었다. 하지만 연구의 결과는 정반대였다. 김태식은 두 지명을 모두 한반도 남부에서 찾았고, 조희승은 두 지명을 모두 일본 본토에서 찾았다. 두 사람의 목표는 같은 선상의 반대방향이었다. 김태식은 어떻게든 일본의 흔적을 한국에 남겨두려 했고, 조희승은 어떻게든 일본의 흔적을 일본에서 확인하려 했던 것이다.

　　『비파형단검 문화에 관한 연구』는 기억해야 할 또 한 권의 책이다. 우리 일상과 관련성을 생각한다면 가장 중요한 책이라 할 수 있다. 왜

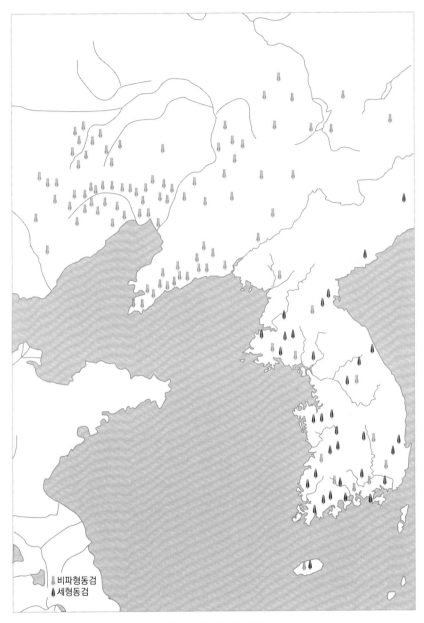

비파형동검
세형동검

〈그림 4〉 비파형동검 분포도

그런가? 한국인치고 '비파형동검'이란 말을 안 들어본 사람은 없다. 더 나아가 이 예쁜 청동단검의 분포지도를 스쳐가면서라도 보지 않은 사람도 없다. 비파형동검은 그만큼이나 일상적이고 중요한 고대 유물이다. 하지만 그 의미를 파악하고 있는 사람은 드물다. 대체 이 단검은 왜 그렇게 널리 알려졌을까?

비파형단검(우리는 통상 비파형동검이라 부른다)은 기원전 천 년대(학자마다 편차가 있다) 전후의 유물이다. 지금부터 3천 년 전이다. 그것도 당시로서는 지배계급이 보유한 굉장히 중요한 물건이다. 그런데 이런 물건이 한반도와 만주 전체에 걸쳐 발굴되었고, 그 외의 지역에서는 잘 보이지 않는다. 가령 중국 지역과 몽고 쪽 서북방에는 다른 종류의 단검이 퍼져있다. 이게 무슨 의미일까? 그 오래 전 시기, 교통도 통신도 어려웠던 먼 청동기 시대의 그 넓은 지역에 이렇게 강력한 유물로 상징되는 동일한 문화가 유지되고 있었다는 말이다. 대번에 질문이 떠오른다. 이건 무슨 공동체인가? 한 국가인가? 부족 연합체인가? 한반도와 만주는 동일한 종족의 사람들이 살았다는 말인가? 이처럼 비파형 단검이 담고 있는 의미는 사뭇 강렬하다. 그것도 우리 같은 대중의 감각에 직접적으로 호소한다. 그래서 조금만 주의를 기울이면 이 단검과 그 분포가 충격적이라는 사실을 알게 된다.

때문에 1980년대 초부터 중국에서는 이 단검을 두고 굉장한 논쟁이 시작되었다. 여기엔 일본 학자도 개입했다. 그러나 그들이 이 단검을 한반도와 연결 지으려 할 리는 없다. 가령 이 단검은 중국이나 북방에 가까운 서쪽 지역, 고조선과 무관한 다른 종족이 살던 지역에서 한반도 동쪽지역으로 전달되었다는 식으로 말하기 십상이다. 실제로 소수의 학자 말고는 다 그렇게 말했다.

바로 이 시점에서 북한의 학자들이 뛰어들었다. 위의 책『비파형단검 문화에 대한 연구』가 그 결과물이다. 잘 썼을까? 잘 썼다. 지금도 그 위력을 잃지 않고 있으며, 이는 비파형단검 문화 연구에서 아무리 무시되어도 사라질 수 없는 연구로 남는다.

문제는 여기에서 그치지 않는다. 이 연구가 발표되자 당연히 남한 학자 일부도 연구를 시작한다. 특히 윤내현과 소수 학자들이 이 단검을 해석하며 고조선과 직결시켰다. 이 놀라운 유물과 그 거대한 분포지를 고조선의 문화 영역이자 강역이라고 주장한 것이다. 소고조선론의 아성 주류고대사학계에서는 난리가 났다. 그들로서는 큰일이 난 셈이다. 게다가 그간 별 다른 연구를 한 적이 없으므로 어찌할 방도도 모른다. 이 절체절명의 상황에서 주류 고대사학계는 무엇을 했을까?

이때부터 주류 고대사학계의 중국 고고학으로 탈출이 시작된다. 이것을 주도한 사람은 노태돈이다. 이 탈출의 출발점이 노태돈의 1990년 논문「고조선 중심지의 변천에 대한 연구」이다. 뒤에 다시 논하겠지만 그는 철저하게 중국학자들의 논문에 기댔다. 그것도 가장 중국중심적인 논설에 기댔다. 비굴에 가까웠다 해도 과언이 아니다. 그러나 주류 고대사학계는 거침이 없었다. 차후 15년에 걸쳐 이 작업이 진행되는데 노태돈이 손수 만들어 낸 송호정과 오강원이 대표적인 결과물이다. 이 작업이 완료되고 나서야 그들은 안도의 숨을 내쉬었으며, 그리고 나서야 이들의 최고 원로 김정배(바로 그 국정화 교과서 프로젝트 총수다)가 2010년, 예의 별 쓸모도 없는 책 『고조선에 대한 새로운 해석』을 출간하며, 그 책 서론에서 이 작업에 대한 축사를 기록했다. '요즘 송호정이나 오강원 같은 연구자들이 많아져서 흐뭇하다'는 식으로. 그들은 달콤했을 것이다. 왜냐하면 그때는 윤내현마저 병고로 무대에서 사라져버렸기 때문이다.

2016년 동북아역사재단에서는 상고사 토론회가 열렸다. 새로 등장한 젊은 친구가 의기양양하게 중국 고고학을 읊어댄다. 고고학이라고는 당체 모르는 재야사학 쪽 인사들은, 좀 미안한 얘기지만, 그 빠한 헛소리들을 들으면서도 눈만 껌뻑거리고 있었다. 윤내현의 제자이자 고고학자인 복기대 정도가 아니면 어지간한 재야사학자들로서는 그런 고고학에 대응할 능력이 없다. 말하자면 주류 고대사학계의 태평성대가 온 것이다. 물론 언제까지 지속될지 당시에는 아무도 몰랐지만. 『비파형단검 문화에 관한 연구』는 이런 역사와 의미를 담고 있다.

지금까지 나열한 책들은 모두 적당한 도서관에서 열람할 수 있다. 이런 이야기를 하는 이유는 북한 책이라 찾아보기 어려울 거라는 선입관을 가질까봐서이다. 물론 이 책들은 전문서적들이다. 각오하지 않으면 쉽게 읽을 수 있는 책이 아닌 것이다. 또 작은 도서관에는 비치되어 있지 않은 경우가 많다. 그러나 원하는 사람이 있다면 누구라도 어렵지 않게 찾아 읽을 수 있다. 대중에게 이처럼 개방된 정보의 시대를 축복할지어다.

고조선
논쟁의 역사

고조선 논쟁과 한국 민주주의

본래 고조선 논쟁은 일제강점기(복기대는 이 시기를 대일 항쟁기라 해야 한다고 주장했고, 이 말은 그의 스승 윤내현에 의해서 이미 사용된 적 있다. 나도 이에 공감한다. 하지만 아직은 널리 알려지지 않았으므로 여기서는 일제강점기라는 말을 사용하기로 한다.)를 살았던 신채호에서부터 시작되었다. 그는 고조선 관련 학자 중 가장 뛰어난 학자로서 천재라는 말로만 표현할 수 있는 사람이다. 그의 연구가 담고 있는 의미는 심오하며, 차후 영향력 또한 누구보다 압도적이다. 북한의 리지린이나 남한의 윤내현이라 해도 신채호에 필적할 수는 없다.

그러나 사람들은 그를 잘 모른다. 막연히 훌륭한 독립운동가라는 생각은 하지만 정작 그의 삶을 돌아보고, 그의 고조선 관련 서적을 읽어본 사람은 거의 없다. 학자들도 예외 없이 그를 칭송하지만 정작 그의 학문을 진지하게 논하거나 소개하는 사람은 하나도 없다. 심지어 리지린이나 윤내현마저도 자신들의 가장 중요한 학문적 스승인 신채호를 쉽게 언급하지 못했다. 정치 사회 학문적인 여러 이유가 있기 때문이다.

그러므로 우리들과 가까운, 1980년대 후반 남한에서부터 이야기를 시작하기로 한다. 대신 신채호와 정인보를 포함한 일제강점기 고조선 논쟁은 말미에서 논할 것이다.

::: 1988년, 이기백과 서영수

앞서 말했듯 해방 후 남한 고조선 논쟁은 1988년 『한국사 시민강좌』 2집에 실린 이기백과 서영수의 논고로부터 시작된다. 그 책의 다른 논문들도 중요하지만 성격이 다르다. 그러므로 먼저 이기백과 서영수를 다루고 그 다음 여타 논문들을 살펴보기로 한다. 여기서도 가능한 한 짧고 간략하게 서술하고자 한다.

한국사에 관심 있는 사람은 이기백이 얼마나 거물인지 잘 알고 있다. 그는 이병도의 제자로서 이병도 이후 주류 고대사학계 최고의 인물로 평가받고 있다. 또 일제강점기에 살지 않아 이병도 같은 친일 의혹이 없기 때문에 작고한 인물들 중엔 주류 고대사학계에서 가장 자주 언급되는 학자이다. 더구나 그가 했다는 일련의 식민사관 극복을 위한 제언은 크게 부풀려 광고된다. 주류 고대사학자들이 자신들을 변호할 때 입만 열면 들고 나오는 이론이 바로 이기백의 식민사관 극복론이다. 그러나 이런 이기백의 충성스러운 직계제자가 바로 이기동이다. 그리고 앞서 소개되었듯 그는 현 한국학중앙연구원 원장이자 뉴라이트 우익교과서를 열렬히 지지하는 인물이다. 식민사학 극복의 영웅이라는 이기백 같은 사람에게서 어떻게 이런 제자가 나왔을까? 그의 식민사학 극복론에 의혹이 생긴다. 하지만 그에 대한 더 이상의 논의는 생략한다. 대신 여기서의 의문은 다음과 같다. 이런 거물과의 논쟁에서 윤내현이 이길 수 있는가? 답은 이렇다. 이기백이 거물 아니라 거물 할아버지라 해도 윤내현의 상대가 안 된다. 거의 어린애와 대학생 간의 싸움이나 다름없다. 왜 그런가?

첫째, 이기백은 고조선과 중국 고대사 전공자가 아니며, 이 분야에 대해 전문적인 논문을 쓴 적이 없다. 그가 고조선에 대해 말한 건 한국사 통사를 쓰거나 한국사론 같은 역사논평을 쓸 때 몇 페이지 첨가한 게 전부다. 이런 이기백이 겨우 10여 페이지, 그나마 평소 하던 대로 잡동사니 논평이 뒤섞인 논고로 윤내현의 상대가 될 수는 없다.

둘째, 이기백은 과거 그 짧은 소론이나마 고조선에 대해 오랫동안 주장해온 분야가 하나 있다. 고조선이 '성읍국가'라는 것이다. 그는 이 논고에서도 같은 이야기를 반복했다. 그러나 성읍국가가 무엇이

건 상관없다. 왜냐하면 윤내현이 1986년 출간한 『한국고대사신론』에서 이기백의 성읍국가론을 철저히 비판했기 때문이다. 사정이 이렇다면 이기백은 윤내현의 비판에 대한 반 비판을 제출했어야 한다. 그러나 이기백은 윤내현의 비판을 무시했다. 아예 읽어 본 적이 없거나 아니면 읽어 보고도 무시한 것이다. 이것은 학문적 논쟁의 규칙을 파괴한 것이다. 이런 식의 논쟁이라니 믿을 수가 없을 지경이다. 따라서 이 논쟁의 승패는 평가의 여지조차 없다. 여기서의 이기백은 더 이상 학자가 아니다.

셋째, 이러한 이기백의 태도는 이후 주류 고대사학계의 대고조선론에 대한 대응방식을 영구적으로 규정했다. 즉,

'대고조선론에 대해서는 어떤 것도 무시하라. 대신 우리가 하고 싶은 말만 하라. 무엇보다 잘 모르는 대중을 그럴싸한 말로 호도하라'는 것이다.

넷째, 이기백의 이런 태도는 이기백 본인과 주류 고대사학계의 본질을 폭로하는 계기가 되었다. 이기백은 통상 모시 적삼에 인자한 웃음을 담은 고상한 학자 이미지로 등장한다. 그러나 이 논고에서 보여준 이기백의 모습은 억지 부리는 3류 학자에 불과했다. 유려한 문장으로 잘 모르는 대중을 일시적으로 호도할 수는 있었지만 차후라도 사정을 알게 된 대중에게 그것은 엉터리 학자로서 이기백에 대한 인

멸 불가능한 증표가 될 것이다. 왜 그에게 이기동 같은 제자가 있는지, 왜 그의 식민사관 극복론이 빛 좋은 개살구인지 제대로 알려주는 시금석이기도 하다.

이상이 자신의 논고에 드러난 이기백의 모습이다. 그래도 익숙하지 않은 독자라면 한 가지만 기억하라. 해당 주제에 관해 본격적인 연구나 논문을 써본 적이 없는 이기백이 겨우 몇 쪽짜리 논평으로 수십 년을 연구해온 윤내현의 상대가 될 수 있겠느냐는 질문이 그것이다. 이렇게 하면 적어도 줄기를 놓치는 일은 없을 것이다.

다음은 서영수다.

여기서 다루는 서영수의 논문 「고조선의 위치와 강역」은 진정한 엉터리다. 그럼에도 불구하고 그것은 주류 고대사학계에서 이른바 '중심지 이동설'의 효시로 평가받는다. 또 서영수는 실로 교묘한 인물이다. 하지만 처음 듣는 사람들에게는 낯선 이야기다. 그러므로 그의 논문을 먼저 살펴보고 다른 이야기를 이어가기로 한다.

먼저 서영수의 논문에서 인용한 다음 문장을 읽어보자. 그런데 서영수의 글을 읽으려면 인내심이 필요하다는 걸 미리 말해둔다.

또한 『삼국사기』 대무신왕조에 나오는 최리의 낙랑국 기사를 『삼국사기』에 나오는 낙랑관계 기사 중 가장 빠른 시기의 기록으로 이해하여 당시의 평양 지역에는 낙랑국이 있었기 때문에 낙랑군은 한반도 안에 없었을 것이라는 전제 하에, 김부식도 고조선의 중심을 한반도 안으로 보지 않았다고 하였으나, 이는 『삼국사기』의 낙랑관계 기사를 제대로 보지 않은 착오에서 비롯된 것이다. 『삼국사기』에는 대무신왕조보다 빠른 시기의 낙랑관계 기사가 9군데나 나오며, 낙랑태수의 명칭도 보인다.

-『한국사 시민강좌』 2집, 25쪽

서영수는 이 부분에 각주를 달고 '(윤내현의) 『한국고대사신론』 23~24쪽, 319~320쪽' 이라고 적어 놓았다. 그러니까 이 인용문은 그 각주에서 지적한 대목을 비판한 것이다. 자 그럼 질문이다. 이 엄청난 길이의 문장이 무얼 의미하는지 전체적으로 이해한 사람이 한 사람이라도 있을까? 이 문장에서 독자가 이해할 수 있는 단 하나의 의미가 있다면 '뭔지 모르겠지만 윤내현이 뭔가를 잘못했다'는 것뿐이다. 그 밖에는 아무것도 이해할 수 없다. 익숙하지 않은 독자대중만 그런 것이 아니라 어떤 전문가라도 마찬가지다. 왜 그런가?

위 인용문의 첫 문장은 윤내현이 낙랑국 기사를 낙랑관계 기사 중 가장 빠른 시기의 기록으로 이해했다는 것이다. 그런데 윤내현의 책 해당 부분에는 그런 얘기가 전혀 안 나온다. 윤내현은 그런 말을 한 적이 없다. 심지어 그런 해석의 여지도 없다. 이건 따로 확인할 필요 없이 상식만으로도 분명하다. 왜냐하면 아무리 실수를 해도 윤내현 같은 전문가가 낙랑기사처럼 중요한, 그것도 10여개나 되는 삼국사기 관련기사들의 시대를 이렇게까지 틀릴 수는 없다. 윤내현 아니라 해당 분야 전문가라면 누구나 그렇다. 기본 소양이므로 석사 논문을 쓰는 대학원생이라도 그런 실수는 하지 않는다.

그런데도 서영수 혼자서 저런 말을 하고 있는 것이다. 결국 서영수의 이 말은 '서영수 혼자 그렇게 이해했다'는 뜻이다. 그러니 다른 사람이 알 수가 없다. 전문가든 비전문가든, 해당 사안을 아는 사람이든 모르는 사람이든 '어? 그런가?' 할 뿐이다. 그 다음부터는 이해는커녕 이해를 위한 노력 자체가 불가능하다. 듣는 사람은 가장 중요한 첫 번째 가정을 이해할 수 없으므로 그냥 듣는 거고, 서영수는 멈추면 죽기라도 하는 양 혼자 지껄인다. 그러고 나서 갑자기 뚱딴지같은 소리를 한다. 더 빠른 낙랑군 기사가 아홉 군데나 나온다는 것이다. 그게 어쨌다는 건데? 이 황당한 진술을 그나마 해석해본다면

'윤내현의 오류는 낙랑기사의 가장 빠른 기사를 오해한 데 있으며, 나 서영수는 그게 틀렸다는 증거를 아홉 개나 제시했다'

는 것이다. 그러나 이 문장은 정신 나간 소리다. 말했듯 윤내현은 해당 기사를 가장 빠르다고 한 적이 없으며, 그렇게 볼 만한 여지도 없다. 윤내현이 한 것은 그냥 자료를 제시하고 그것을 원문대로 해석한 것뿐이다. 이런 윤내현을 서영수처럼 비판하는 건 멀쩡한 사람에게 가서 느닷없이 '너는 눈이 다섯 개다, 나는 그것을 10가지나 증명했다'라고 말한 거나 다름없다.

그럼 다음 질문이 생긴다. 서영수는 다른 데서도 이렇게 말하는가? 그렇다. 논문 전체가 이런 논법의 범벅이다. 좀 더 정확히 말하면 엄

밀한 논증, 특히 중요하고 어려운 부분을 논증해야 할 때 반드시 위와 같은 헛소리를 한다. 가령 일상적인 이야기나 쉬운 이야기 혹은 별 탈이 없는 얘기를 할 땐 매끈하다. 다감하고 친절한 느낌까지 준다. 그러나 어렵고 정밀한 논증이 필요한 곳에서는 언제나 위 인용문처럼 말한다. 이해를 위해 하나만 더 예를 들겠다. 그런데 어지간해서는 읽기가 곤란할 것이다. 그러므로 힘들면 대충 훑어보고 이어지는 필자의 해설로 건너뛰어도 된다.

그러나, 이병도의 역사지리적 고증은 위만조선 이후 특히 한사군의 위치 고증에 치중된 것으로, 고조선의 위치와 강역에 대한 고증은 문제점이 있는 것으로 보인다. 즉, 고조선의 위치 고증의 가장 기본자료는 『사기』 조선전인데, 그가 주로 의거한 것은 『한서』 지리지이며, 그것도 논리적인 결함의 여지가 있는 언어학적 추리에 의해 접근하고 있다는 점이다. 이에 따라 『사기』 조선전의 해석에도 오류가 생기게 된 것으로 보인다.

즉, 『사기』 조선전의 고조선 관계기사에서 연. 진. 한에 속하였던 진번. 조선은 모두 동일한 대상으로 연장 진개에 의해 점령된 고조선의 서북영토를 의미한다. 그런데, 그는 연에 점령된 지역은 만번한 이서의 고조선 영토로 보면서, 진의 요동외요와 한후국인 연에 속한 것은 고조선 본국으로 보는 모순을 보이고 있다. 그 결과 고조선과 연. 진. 한의 국경인 만번한. 패수. 진고공지 등의 위치 고증에도 오류가 생기게 된 것으로 보인다. 즉, 만번한은 요동에 있는 지명이며, 『사기』의 내용으로 보아 연대의 요동은 오늘의 천산산맥 이동을 넘지 못한 것으로 생각된다. 따라서, 그가 『한서』지리지와 언어학적 추리에 의해 패수와 만번한을 청천강. 박천강 일대에 비정한 것은 재검토되어야 할 것으로 생각된다.

-『한국사 시민강좌』 2집 28쪽

이것은 이병도의 이론 한 부분을 서영수 나름대로 비판한 것이다. 각주에는 '이병도, 『한국고대사연구』(박영사, 1976)'라고 적혀 있다. 이번에는 해당 페이지도 명시하지 않았다. 이병도의 책 전부를 논한다는 건지 아니면 구체적인 쪽수를 지적하고 싶지 않아서인지 잘 모르겠다. 심정적으로는 후자가 확실하다. 왜냐하면 위 인용에서 서영수가 논하는 대목은 이병도의 『한국고대사연구』 3장 제2절(위씨의 선행조선과 연, 진, 한과의 관계)의 10여 페이지로서 8백 페이지짜리 이 책 다른 곳에는 안 나오는 내용이기 때문이다. 그걸 명시해주지 않다니 켕겨서 해당 페이지를 지적하지 않았다는 나의 심증이 결코 부당할 수 없다.

각설하고 앞 인용의 몇 가지 요지를 나열, 평가해 본다면 다음과 같다.

- 이병도의 역사지리 고증은 주로 『한서』에 의지해서 문제가 많다! 하지만 정말 그럴까? 천만의 말씀이다. 다른 데서는 어찌 했든 해당 대목에선 전혀 그렇지 않다.

- 이병도는 언어학적 추리에 의존해서 문제가 많다! 하지만 정말 그럴까? 천만의 말씀이다. 다른 데서는 어찌 했든 해당 대목에선 전혀 그렇지 않다.
- 이병도는 위의 두 이유 때문에 『사기』해석에 오류가 생겼다! 하지만 정말 그럴까? 천만의 말씀이다. 이병도의 『사기』해석에 어떤 오류가 있건 위 두 가지 이유와는 전혀 상관없다.

나머지도 같다. 단 한 문장도 사실이 아니다. 따라서 앞의 인용은 누구도 이해하지 못한다. 모르는 사람은 모르니까 '음! 그런가?'하며 지나가고 아는 사람은 알기 때문에 '어? 그런가?'하며 지나간다. 전문가든 비전문가든 아는 사람이든 모르는 사람이든, 어쨌든 서영수의 말은 이해하지 못한다.

이 놀라운 어법은 논문 끝까지 이어진다. 어찌나 기발한 이야기가 많던지 계속하자면 이 주제로 책을 한 권 쓸 판이다. 그럼에도 불구하고 서영수의 이 논문은 서슴없이 결론으로 달려간다. 모두가 거짓말인데 어떻게 결론이 나오느냐고? 위에서 보지 않았는가? 아무거나 막지껄인 다음 '윤내현은 해당 기사를 가장 빠른 걸로 이해하는 오류를 범했다'라고 말했듯 서영수는 아무거나 말하면 그냥 결론이 된다. 다른 사람은 몰라도 서영수와 주류 고대사학계에서는 이게 문제가 안 된다. 그렇다면 그의 막가파 결론이란 무엇인가?

'고조선의 중심지는 지금의 요하 근처에 있다가 서기전 3~4세기 무렵 연나라 장수 진개의 침공을 받아 한반도 평양으로 이동했다. 그에 덧붙여 몇 가지 어쩌고 저쩌고 얘기들이 있다. 그리고 이런 이야기는 서영수가 자신이 처음 한 건데 나중에 중심지 이동설의 효시로 대접 받을 것이다.' 이다.

대체 어디에 쓰려고 이런 괴상한 논문을 쓴 걸까? 이에 대해서는 잠시만 미루자. 그 전에 한 가지 더 살펴볼 일이 있기 때문이다. 글을 이렇게 쓰는 서영수는 말은 어떻게 할까라는 궁금증이 생기지 않는가?

2016년 3월 22일, 프레스센터 국제회의장에서 동북아역사재단이 주최하는 '제1회 상고사 토론회'가 열렸다. 나는 이 토론희의 전 과정을 유튜브 영상을 통해 관람했다. 독자들도 원한다면 바로 확인할 수 있다. 뒤에서 다시 말하겠지만, 또 많은 사람들이 알고 있듯이, 동북아역사재단은 동북공정이나 독도 문제 등, 때론 역사전쟁을 방불하는 역사문제에 대응하기 위해 만들어진 단체이다. 그러나 이곳은 주류 고대사학자들이 장악하고 있다. 이들이 과연 제대로 대응할 수 있을까? 그거야 어쨌든 이 단체는 소리 없이 매머드급이다. 2008년 무렵 이 단체 예산이 200억이라는 뉴스를 본 적이 있는데 감안하면 통상 수백억 원 대의 혈세를 사용하는 곳이다. 모르긴 몰라도 주류 고대사학자들을 피둥피둥 살찌우는 그들만의 노다지라 할 수 있겠다.

짐작건대 여러 이유로 이 토론회는 필연적이다. 토론 당사자는 당연히 대고조선론자들과 소고조선론자들이다. 대고조선론 진영에서는 윤내현의 제자이자 현 대고조선론 진영의 총아인 고고학자 복기대와 군사문제를 다루는 박성용이 나왔다. 소고조선론 진영에서는 주류 고대사학자 및 고고학자인 조법종과 정성인이 나왔다.

이 토론장은 시작부터 기울어진 운동장이다. 주최자가 소고조선론 자들의 아성인 동북아역사재단인데다 대고조선론 진영의 박성용은 발표자이긴 해도 고대사 전문가가 아니다. 그나마 대고조선론 진영에 유리한 게 있다면 숫자는 많지 않지만 대고조선론을 지지하는 방청 객들이 있다는 것이다. 하지만 진짜 함정은 따로 있었다.

토론회 시작 때 사회자는 이 토론회의 '좌장'을 소개했다. 좌장이란 이후 종합토론 사회를 맡는 사람이다. 그 좌장이 누구였을까? 그렇다. 서영수다. 개인 발표가 끝나고 발표자 네 사람이 함께 참가하는 종합 토론, 그러니까 진짜 살벌한 칼싸움이 시작되면서 좌장, 곧 종합토론 사회자인 서영수가 등장했다. 이제 본론이다. 앞에서 서영수를 길게 논했으니 상상해보라. 서영수는 무슨 짓을 했겠는가.

종합토론 사회자니까 토론 서두에서 서영수가 최초의 마이크를 잡 았다. 그러더니 장장 15분을 혼자 떠들었다. 그게 끝이 아니다. 토론 자가 발언을 마칠 때마다 끼어들어 또 떠들었다. 그런데 떠드는 내용 이 가관이다. 그냥 들어서는 티가 안 나지만 사정을 아는 사람이 들 으면 철저하게 대고조선론 진영 토론자들을 비판하고 훈계하는 내용 이다. 그것도 보들보들 웃어가며, 낮은 목소리로, 다분다분 그렇게 한 다. 게다가 말도 안 되는 소리로 그렇게 한다. 논문에서 윤내현을 욕 하듯이 말이다. 나중엔 이게 토론회인지 몇 년 후면 다가올 서영수 7

순 잔치인지 알 수가 없게 되었다. 어쩌면 대고조선론자들을 소리 안 나오는 몽둥이로 때려잡기 위한 토론회였는지도 모른다.

뭐라 말할 수 없는 이 끔찍한 상황이 1시간이 지나자 드디어 방청객의 열불이 터졌다. 방청석에서 웅얼거리는 소리가 나는가 싶더니 문득 '사회자가 사회를 봤으면 좋겠습니다'라는 발언이 흘러 나왔다. 곧바로 좌석이 시끄러워졌다. '뭐하는 거예요'라는 고함이 있는가 하면 그 고함을 제재하는 '들어 보세요'라는 대꾸도 있다. 독주하던 서영수가 그때서야 공손해진다. 토론회는 그렇게 쳐진 채로 마감했다. 비극인지 희극인지 판단이 어려웠다.

한심한 건 소고조선론측 토론자 조법종과 정성인이다. 학자이자 교수인 그들은 그렇게 기울어진 운동장에서 그처럼 지저분한 토론을 하고 싶었단 말인가? 그들은 작정하고 복기대에게 달려들었으며, 그것을 새디즘적 쾌감으로 즐겼다. 그러고 보니 이건 바로 이기백이 가르쳤던 것이었다. 대고조선론자들을 무조건 무시하라, 그리고 소고조선론자들 하고 싶은 말만 하라. 마치 이기백이 윤내현에게 했듯이!

이상이 서영수의 글 솜씨에 이은 말 솜씨다. 하지만 아직도 끝나지 않았다. 지루할지라도 구경해야 할 일이 하나 더 남아있다. 서영수의 '자기표절 예술'이라는 것이다.

이 논문 이후 서영수는 10여 년에 걸쳐 고조선에 관한 유사한 논문 두 편을 더 쓴다. 다른 논문도 있지만 그리 많지 않은데다 이 두 논문은 고조선 논쟁사에서 의미가 적지 않은 두 권의 책에 게재되었다.

공적인 함의가 그만큼 크기 때문에 특별히 거론할 만한 것이다. 그 두 논문과 그것들이 게재된 책은 다음과 같다. 앞선 것이 논문이고 뒤의 것이 그 논문이 게재된 책이다.

2007년
「고조선의 발전과정과 강역의 변동」
『고조선의 역사를 찾아서-국가, 문화, 교역-』
(고조선사연구회, 동북아역사재단 편, 학연문화사)

2009년
「고조선사의 쟁점과 역사 현장」
『고조선사 연구 100년-고조선사 연구의 현황과 쟁점-』
(고조선사연구회, 동북아역사재단 편, 학연문화사)

이 논문들의 내용은 볼 것도 없다. 위에서 검토한 논문의 재탕일 뿐이다. 그럼 왜 이 논문들을 거론하는가? 이 논문들의 화려한 자기 표절 사례를 구경하기 위해서다. 이를 위해 세 논문에 번호를 붙인다. 앞에서 검토한 88년 논문은 1번, 2007년 논문은 2번, 2009년 논문은 3번이라 한다. 그럼 보자. 쪽수는 논문이 게재된 해당 책의 쪽수이다.

2번 논문 18쪽 첫 문단 2~4째줄-1번 논문 19쪽 첫 문단 1~3째 줄

에서 그대로 복사

2번 논문 20쪽 둘째 문단 5줄-1번 논문 37~38쪽에 걸친 문단에 세 단어 첨가하여 그대로 복사

2번 논문 21쪽 마지막 문단 5줄-1번 논문 24쪽 끝으로부터 1~3번째 줄에서 한 단어 바꾸고 19쪽 끝에서 1~4번째 줄에서 두 단어 빼고 한 단어 바꾸어 그대로 복사하여 조합

… 이하 기타 등등 기타 등등 …

이런 식으로 내가 확인한 것만 해도 10여 항목에 이른다. 18쪽에서 49쪽에 이르는 논문, 그나마 절반이 지도와 사진으로 도배된 이 짧은 논문에서 그렇다. 그럼 3번 논문은 어떨까? 표절 방식을 위에서 예시했으니 지금부터는 문단만 지적하겠다. 대신 감동(?)할 준비를 하라.

3번 논문 17~18쪽 뭉텅이 세 문단-2번 논문 18~19쪽에서 뭉텅이로 복사. 이 중엔 1번 논문 18쪽도 포함됨, 그러니까 일부는 연속해서 중복으로 복사되는 중임

3번 논문 21~22쪽 뭉텅이 4문단-2번 논문 19~20쪽에서 뭉텅이로 복사. 이 중엔 1번 논문 37~38쪽도 포함됨

3번 논문 25~27쪽 '중심지와 강역'이라는 제목의 절 전체-2번 논문 21~23쪽 '고조선의 중심위치'라는 제목의 절 전체를 제목만 바꾸어 뭉텅이로 복사. 이 중엔 1번 논문 19쪽, 24쪽도 포함됨

…이하 기타 등등 기타 등등…그리고 한 번 더 기타 등등…

이번엔 다 헤아리기도 어렵다. 절반 이상이 이 모양일지도 모르겠다. 16~52쪽에 이르는, 그것도 절반 이상 지도와 사진으로 도배된 이 짧은 논문에서 이 정도다.

이전 논문을 활용하려면 새 논문에 각주를 달면 된다. 아니면 서두에 이전 논문과 중복된다거나 이전 논문을 수정, 활용했다는 식의 말을 한 마디만 덧붙이면 된다. 그러나 서영수는 이런 일을 하지 않는다. 또 간단한 대중강연 혹은 적당한 토론회 발췌문 혹은 적당한 대중 잡지 기고문 정도로 제출되었다면 그런 각주나 말들을 생략할 수도 있겠다. 하지만 서영수의 이 논문은 규범이 제대로 적용되어야 하는 중대한 공식논문이다. 따라서 서영수의 이 논문들은 명백한 자기표절이다. 그것도 악질적인 자기 표절이다.

틈만 나면 회자되는 논문표절 뉴스를 감안하건대 대한민국 학계 문화가 어지간히 썩은 줄은 모든 국민이 알고 있다. 그러나 서영수의 사례는 심각하다. 이것을 몰랐을 리 없는 주류 고대사학계의 태도는 더 심각하다. 이런 논문을 자신들의 주장을 대변하는 논문집 서두에 실었으며, 저자인 서영수를 자신들의 지도자로 삼았다. 나중엔 토론회 원로 좌장으로까지 추대하여 모신다. 갑자기 궁금해진다. 주류 고대사학계, 이 동네는 도대체 무얼 하는 곳일까?

서영수 개인만을 논하고자 이런 이야기를 하는 것이 아니다. 앞의 이야기를 바탕으로 서영수와 그의 논문이 고조선 논쟁사에서 가지는 의미를 말하고자 하는 것이다. 이제 그것을 요약할 수 있다.

첫째, 서영수의 논문을 통해 주류 고대사학계는 한사군을 한반도 내부에 두면서도 고조선이 만주에서 발전한 나라였다고 말할 수 있게 되었다. 말했듯 서영수는 고조선이 만주에 중심을 두고 있다가 한반도 평양으로 이동했다고 주장했다. 고조선 관련 이동설은 전에도 있었으나 이렇게 전격적으로 말한 건 서영수가 처음이다. 그래서 중심지 이동설의 효시가 된 것이다. 이렇게 되면 그 이전이야 어쨌든 고조선이 멸망한 자리는 여전히 한반도의 평양이므로 거기에 설치된 한사군도 평양에 있게 되고 그러는 한 이것을 바탕으로 구축된 주류 고대사학계 이론 전체가 안전하게 보호된다.

반면 이 이야기를 쏙 빼놓고 이전 만주에 있던 고조선을 강조함으로써 자신들이 오히려 민족주의자나 되는 양 광고를 할 수 있게 되었다. 실제로 역사스페셜 같은 TV 프로그램을 포함해 도처에서 그렇게 했다. 서영수는 대고조선이라는 말까지 사용했다. 일반 대중은 이런 얘기 속에서 나중에 한반도 북부 대부분이 한사군에 의해 점령되었다는 주류 고대사학계 이론의 참혹한 함의를 떠올릴 수가 없다. 그렇기는커녕 주류 고대사학자들이 고조선의 위대함을 증명하기 위해 열심히 노력하는 줄 안다. 그러나 사실은 반대다. 그들이 정말로 하려는 것은 윤내현 등의 대고조선론을 막는 것이며, 결론적으로 할 수 있는 한 고조선을 축소시키는 것이다.

그럼에도 이 전술은 성공적이었다. 이렇게 함으로써 그들은 일제 관변학자들의 후계자들이자 골수에 사무친 식민사학자라는 세간의 비난을 피하거나 약화시키는 데 성공했다. 이것은 본질적으로 대중이 멍청하다는 전제에서 수립된 전략으로 죄질이 나쁘다. 이들이 식민사학자라면 이론적 내용이 아닌 바로 이 죄질에서 기인한다. 일제가 한국인의 영혼을 쥐어짜 황국신민으로 만들려 했던 방법이 이런 것이었기 때문이다.

둘째, 서영수의 논문을 통해 주류 고대사학계는 이론적 방어 수단을 다양화했다. 한편으로는 이병도 이래 해방 후 30년 이상 정설로 굳어온 철저한 소고조선론(고조선은 처음부터 한반도 서북부 귀퉁이의 작은 족속이었다는 이론), 즉 이들이 칭하는 평양중심설에 서영수의 중심지 이동설을 덧붙였다. 이렇게 되면 윤내현 등의 대고조선론에 대해 둘러댈 말이 훨씬 많아진다. 얘기하다 막히면 '글쎄요, 다른 견해도 있으니까요'라고 얼버무릴 수 있다. 이는 일종의 혼선작전이기도 하다. 마구 뒤섞어 체계적 검증을 불가능하게 만드는 것이다. 나중에 이것은 그들의 전매특허가 되었는데 실상을 따지자면 끔찍하다. 앞서 살펴본 서영수의 놀라운 어법이 그 한 사례이다. 서영수 정도까지는 아니라도 이 형식은 주류 고대사학계의 일반 논법이다. 예리했던 윤내현의 비판을 철저하게 무시했던 이기백도 마찬가지다. 논리 자체를 없애버린 논리가 주류 고대사학계의 논리인 것이다.

셋째, 의외로 들릴 수도 있지만 서영수의 논문은 '이병도 일병' 구하기의 일환이다. 알다시피 이병도는 친일파 의혹으로 유명하다. 또 그의 고조선이론은 일제 관변사학자들의 이론과 지나치게 가깝다. 그럼에도 해방 후 30년을 정설로 버티었으나 윤내현의 등장으로 더 이상 방어가 불가능해졌다. 이래서는 이병도의 친일성과 자신들의 식민사학적 특징이 증폭되어 폭로될 것이고, 그렇게 되면 주류 고대사학계 전체가 붕괴할 수 있다. 따라서 이병도의 이론과 이미지를 일선에서 후퇴시켜야 한다. 그러나 절대로 다치게 해서는 안 된다. 이병도는 자신들의 뿌리이자 단합의 첫 번째 근거이기 때문이다.

서영수의 논문은 이 작업을 성공적으로 출발시켰다. 서영수의 이론 이후 이병도의 이론은 주류 고대사학계 내부에서 빠른 속도로 사라졌다. 요지인즉 서영수의 중심지 이동설을 포함한 여러 새로운 이론이 등장하여 이병도의 이론을 극복했다는 것이다. 이로 인해 이병도는 고조선론에서 더 이상 거론되지 않으면서도 현재의 발전에 이바지한 훌륭한 학자로 남게 된다. 이것이 2017년 현재에도 반복되는 이병도 변호론이다. '주류 고대사학계의 소고조선론은 이병도와 무관하다, 후배학자들이 열심히 연구하여 새 이론으로 대치되었기 때문이다, 그러나 이병도 시대의 정황을 감안하면 그는 위대한 학자였다. 친일파는커녕 오히려 식민사학을 극복한 민족주의 학자에 가깝다. 그러니 이병도를 욕하지 마라'는 것이다. 물론 거짓말이다. 포장만 바꾸어 그의 이론은 되살아났으며, 실은 이것이야말로 주류 고대사학계의 진정한 목표이다.

넷째, 왜 서영수가 선택되었는가. 보다시피 학문적으로 매우 취약한 서영수 아니던가? 하필 서영수가 선택된 이유는 나설 수 있는 다른 학자가 없었다는 사실과 직결된다. 고조선을 건드린 사람들은 많았다. 하지만 그들의 이론은 윤내현의 체계적인 이론과 비교했을 때 개별 사항에 대한 에세이 정도에 불과하다. 이래서는 상대가 안 된다.

예를 들어 당시 해당 분야 최고 원로이자 이론가는 김정배라 할 수 있는데, 김정배의 학설이라 해도 윤내현의 이론에 비추면 어린애의 중얼거림이나 다름없었다. 실제로 김정배의 이론도 윤내현에게 비판 받았지만 김정배 역시 이기백처럼 꿀먹은 벙어리였다. 그가 일선에 나온 것은 앞서 말했듯 윤내현이 은퇴하고 모든 전투가 끝난 2010년 『고조선에 대한 새로운 해석』을 출간한 때였다. 윤내현의 접근은 워낙 준비가 철저했고 대규모의 체계였으므로 그런 일을 해 본 적이 없는 주류 고대사학계로서는 애초 대응의 여지가 없었다.

따라서 맨정신을 가진 학자라면 나설 수 없다. 준비가 안 되었는데 논문을 쓸 수는 없는 것이다. 서영수가 선택된 이유가 여기에 있다. 말도 안 되는 소리를 서슴없이 할 수 있는 인물, 황당한 자기표절 논문을 쓰는데도 가책이 없는 인물, 그런 인물이어야만 그처럼 괴상한 논문을 쓸 수 있다. 당시로서는 반드시 필요했던 기인, 그가 바로 서영수다. 그래서 그가 선택된 것이다.

　서영수 개인의 이후 운명도 의미심장하다. 서영수는 단국대 사학과 교수로 윤내현의 후배교수라 했다. 아는 사람은 다 알 듯이 단국대 사학과는 원래 단국대학교의 상징이었다. 설립자와 총장부터 민족사학과 관계가 깊은 인물로 '단국'이라는 이름이 괜히 '단국'(단군의 나라로 해석할 수 있다)이 아니다. 서영수는 이런 이념과 반대의 길을 선택했다. 학문적 입장의 선택을 뭐라 할 순 없지만 서영수의 행태를 감안하면 선택을 넘어 변절의 이미지를 띨굴 수 없다. 서영수는 88년 앞의 논문을 쓴 이후 고대사학계의 중심인물로 부상했다. 이전에 한중 고대관계사를 연구했다 하나 구체적으로 고조선을 연구한 적도 없는 그가 고조선사연구회라는 단체를 세우고 젊은 학자들을 규합하여 맹렬한 기세로 주류 고대사학계 선봉장 역할을 했다. 그 대가로 그의 황당한 논문이 비판 받기는커녕 높은 빈도수로 인용되었고, 앞서 보았듯 고희를 앞둔 오늘날까지 주류 고대사학계 원로 좌장으로 대우를 받는다. 한마디로 그는 주류 고대사학계에서 호의호식 했던 것인데, 만일 이런 행태가 없었다면 그런 호의호식은 불가능했을 것이다. 서영수 같은 사람이 정상적 과정을 통해 학자로서 성공할 거라고는 도저히 상상할 수 없기 때문이다.

　이러한 서영수의 삶이 일제강점기에서 현재까지 우리 사회의 여러 모습을 떠오르게 한다면 그리 이상한 일은 아니다. 그걸 어떻게 해석할 것인가는 독자 개인의 몫이다.

서영수가 상승하고 윤내현이 쇠퇴하면서 단국대 사학과의 전통적 이미지도 희미해졌다. 자세한 내막은 알 수 없지만 오늘날 그 흔적마저 느껴지지 않는다. 대신 서영수 이상의 기묘한 이야기 하나가 흘러 나온다. 이에 대해서는 뒤에서 논할 것이다.

다섯째, 이미 분명하겠지만 이 작업은 서영수 혼자 한 것이 아니다. 다른 때라면 감히 이병도를 비판한 서영수의 논문은 게재는 고사하고 언급되지도 못한다. 이것이 그 이전 30년 동안 주류 고대사학계의 역사다. 보다시피 서영수 논문을 게재한 편집인은 이기백이다. 즉 주류 고대사학계가 서영수의 헛소리를 허락하고 전면화 시키기로 작정하지 않았다면 서영수의 논문 따위는 존재하지도 않았을 거라는 말이다. 역으로 이 과정은 이기백과 주류 고대사학계의 행태가 얼마나 황당한가를 반증한다. 그들은 작정하기만 하면 서영수의 논문 같은 엉터리도 일류 학회지에 게재해주고 심지어 그것을 대 논문으로 둔갑시킨다. 또 매우 폐쇄적인 집단이라 서영수의 그 형편없는 논문과 자기표절을 비판하는 학자가 한 명도 없다. 이제 이들에겐 어떤 일도 가능하다는 것을 알 수 있다. 한국 주류 고대사학계는 이런 곳이다.

이상 서영수에 대한 고찰을 마친다. 이야기가 길어진 이유는 이것이 주류 고대사학계의 본질을 잘 드러내고 있기 때문이다.

::: 1988년, 이기동과 조인성

『한국사 시민강좌』 2집에 실린 5편의 논문 중 이기동과 조인성의 논문을 살펴볼 차례이다. 이들은 고조선 논쟁의 학문적 내용과는 무관하다. 그러나 고조선 논쟁을 둘러싼 조건으로서는 사뭇 중대하다.

먼저 이기동이다. 말했듯 학문적 내용과는 무관하다. 대신 이기동은 윤내현을 빨갱이로 몰아갈 것을 작정했다. 게재된 그의 논문 「북한에서 고조선 연구」는 형식상 북한의 고조선 연구상황을 개괄한 것이다. 이야기가 장황하지만 요지는 '북한 학문은 머리에 뿔난 빨갱이 학문'이라는 식의 묘사다. 즉,

- 북한 학계는 열심히 한 부분도 있지만 기본적으로 당과 수령에 복무하는 학문이다.
- 북한의 주체사상을 광고하기 위하여 왜곡과 과장을 서슴지 않는다.
- 북한의 억압적 체제와 맞물려 학자와 학문적 연구도 억압적이다.

등의 내용이다. 나는 이에 대해 다음처럼 말한 적이 있다.

- 남한 주류 고대사학계는 열심히 한 부분도 있지만 기본적으로 일본과 친일파에 복무하는 학문이다.

- 남한 주류 고대사학계의 식민사학을 광고하기 위하여 왜곡과 과장을 서슴지 않는다.
- 남한 주류 고대사학계의 억압적 체제와 맞물려 학자와 학문적 연구도 억압적이다.

이기동의 이야기와 나의 이야기 중 어느 쪽이 더 맞을까? 판단은 독자들에게 맡기겠다.

문제는 이런 그가 윤내현에 대해 남겨 놓은 몇 줄의 글이다. 그것은 실로 교묘했다. 바로 다음 문장이다.

최근 우리 학계의 한쪽에서도 이지린의 견해와 거의 다를 바 없는 주장이 윤내현 교수에 의해서 제기되고 있기는 하다. 윤교수가 다루고 있는 중국쪽의 자료라든지, 또한 자료에 대한 비판의 방식이랄까 전반적으로 풍겨지는 논조랄까가 이지린의 그것과 너무도 비슷하여 공교로운 느낌이 드는 것을 떨려버릴 수 없는 실정이다.

－『한국사 시민강좌』 2집, 99쪽

'…라든지, …랄까, …랄까, …떨려버릴 수 없는 실정이다.' 얼마나 사소하고 천연덕스러운가. 그러나 이 몇 줄의 시한폭탄은 얼마 후 무섭게 폭발했다. 윤내현은 리지린 표절자로 굳어버리고, 간첩으로 고발돼 안기부의 심문을 받고, 비록 수리되진 않았지만 이 일로 학교에 사표를 제출한다. 또 이 마타도어의 유령은 위키백과에 들어앉아 윤내현의 이름을 듣는 모든 대중에게 확산되었다. 오늘까지도 그렇다. 한때 작정하면 나무토막도 빨갱이를 만들 수 있었던 때가 있었다. 주류 고대사학계가 바로 그런 짓을 한 것이다. 세간에는 '뇌물 받아먹고 자살했다'는 어느 슬픈 대통령 이야기가 나돈다. 윤내현 이야기는 그것보다 덜 슬플까?

이기동은 스승 이기백의 뒤를 이어 『한국사 시민강좌』 편집인이 된다. 대안교과서를 지지하여 악명을 날리고 2016년 마침내 한국학중앙연구원 원장에 취임한다. 그 사이 그의 메카시즘 놀이는 멈춘 적이 없다.

주류 고대사학계는 이런 이기동에게 이의를 단 적이 없다. 그렇기는 커녕 아주 사이가 좋다. 말이 없다지만 주류 고대사학계의 영혼 속엔 이기동의 메카시즘이 새빨갛게 물들어 있다. 가령 북한의 역사학이나 고고학이 자기들을 비판하면 이 괴물은 단번에 황금박쥐처럼 날아오른다. 그것은 아직도 현재 진행형인 것이다. 이것이 고조선사 논쟁 벽두부터 등장한 이기동의 의미이다.

다음은 조인성이다. 조인성은 「규원사화」와 '환단고기'」를 썼다. 이 논문은 '규원사화'와 '환단고기'에 대한 위서논쟁을 촉발시킨 논문으로 유명하다. 이전에도 논의가 있었지만 조인성의 이 논문으로 본격화 되었다. 외곽에서 괴롭히는 '환단고기' 신봉자들에게 본격적인 반격을 시작한 것이다. 그런 측면에서 보자면 성공적인 반격이었다. 동시에 막강한 무기였다. 이후 조인성의 이 논문과 유사한 논문들을 유도하였고, 관심 있는 대중에게도 널리 알려졌다.

이 책은 위서 논쟁을 진지하게 제기했다는 점에서 의미가 크다. 하지만 앞에서도 말했듯 문제도 있고, 비판도 받았다. 또한 '규원사화'와 '환단고기'가 위서임을 확증하지도 못했다. 그럼에도 주류 고대사학계가 '환단고기' 신봉자들에 맞서는 데 있어 주요한 조건을 형성했다.

마지막 논문은 정경희의 「고조선 사회와 정치」인데 소재는 중요하지만 이 책의 논지와는 별 관련이 없다. 여기서는 검토를 생략하기로 한다.

이렇게 해서 한국 고조선사 논쟁의 막이 올랐다. 물론 아름다운 모습이 아니다. 그리고 끝까지 아름답지 않을 것이다.

::: 1990년, 노태돈

　고조선 논쟁사에 노태돈은 윤내현 다음으로 중요한 인물이다. 왜냐하면 그가 현재 소고조선론의 틀을 정비했기 때문이다. 하지만 세부적인 작업은 그가 하지 않았다. 윤내현이 모든 것을 혼자 한 것과 달리 노태돈은 세부작업을 수행할 제자들을 키워냈다. 그래서 노태돈은 겉으로 드러나지 않는다. 잘 모르는 사람들은 그가 고조선과 관련이 있는 줄도 모른다. 게다가 노태돈은 전공이 고구려사이며, 풍모와 인상도 소탈하고 차분하다. 그러므로 더욱 드러나지 않는다.

　하지만 바로 그렇기 때문에 노태돈은 주류 고대사학계에서 가장 중요한 인물이다. 앞에서는 그를 주류 고대사학계의 보스라고까지 말했다. 왜 그런가. 우선 그의 전공인 고구려사 때문이다. 이병도 이후 한국 고대사의 틀은 고구려사가 담당한다. 이병도가 고조선사와 한사군론의 틀을 완비했으므로 그에 이어지는 고구려사를 끼워 맞춰야 하기 때문이다. 그리고 이 시스템은 나머지 한국 고대사를 자신들이 원하는 대로 틀 지을 것이다. 예를 들어 노태돈의 '부체제'라는 개념은 '삼국유사 불신론(혹은 삼국유사 수정론)'과 더불어 한국 고대사의 가장 유명하고 악명 높은 족쇄다. 노태돈은 그 역할을 수행한 고대사학계의 총아이자 이병도 이기백에 이어지는 3대 후계자이다.

　이런 노태돈의 위력은 그가 키워 낸 3명의 제자를 통해 여실히 드러난다. 첫째는 고조선 연구자 송호정이고, 둘째는 가야 연구자 김태식이며, 셋째는 만주 고고학 연구자 오강원이다. 이 3인은 현 시기 주류 고대사학계 철의 수문장들이며, 이들로 인해 일제 관변학자들이 만든 한국 고대사 이론이 100년이 지난 지금에도 확고하게 유지 심화된다. 그리고 여기에 덧붙여 고구려사를 전공한 그의 다른 제자들이 포진하고 있다. 이들은 각 대학에 자리를 잡고 전통적인 고구려사를 지탱하는 버팀목 역할을 한다. 마지막으로 이들 주변을 각종의 연구자와 원로들이 둘러싸고 있다. 이기백과 김철준이 작고한 이후 이 모든 걸 만들고 조율한 사람이 노태돈이다. 달라진 시대에 이병도 이후 3세대를 이어받고 제자들인 4세대의 세계를 건설한 사람인 것이다. 노태돈은 이런 거물이고 실력자다.

예를 들어보자. 앞서 이병도를 다치지 않게 후퇴시켰다고 했다. 그의 이론은 후배 학자들에 의해 극복되었으므로 오늘날 소고조선론은 그와 무관하다는 주장이 그것이다. 그러나 그것은 거짓이며, 그들의 진짜 목적은 이병도의 복권이라 했다. 그 대표적인 예가 동북아역사재단 역사지도 사건이다.

뒤에서 다시 말하겠지만 8년간 47억 원을 들여 만든 역사지도가 국회의 검토를 거쳐 동북아역사재단 자체 결정에 의해 폐기되고 말았다. 이 사건은 고대사학계를 거의 패닉상태로 몰아넣었다. 대체 무슨 지도기에 그런 일이 발생했는가. 이유를 뭐라 말하든 핵심은 노태돈의 제자 송호정이 주도한 그 지도가 이병도의 한사군론을 거의 그대로 적용한 지도라는 것이다.

놀라운 일이다. 일반적으로 주류 고대사학계의 소고조선론은 중심지 이동설이 대세이며, 이병도류의 극단적으로 축소된 평양중심설은 소수파라고 알려져 있다. 그러나 이면에서 진짜 핵심인력과 자금이 투여된 곳은 이병도의 이론이었던 것이다. 그것을 국가의 이름으로 전 세계에 배포하려 했던 바 주류 고대사학계의 진정한 목표가 무엇인가를 여실히 보여주는 사건이 아닐 수 없다. 그런데 이 지도 작성의 핵심 인물인 송호정을 길러낸 사람이 노태돈이다. 자신은 중심지 이동설을 주장하면서도 송호정 같은 이병도류의 평양중심설 이론가를 그토록 공들여 키웠다. 왜 그랬을까. 노태돈은 처음부터 이병도로 돌아가려는 그림을 그리고 있었다. 또 그래야만 했다. 그 이유에 대해서는 나중에 이야기하자. 다만 그의 설계와 전략이 이렇게 원대(?)하고 집요하다는 것만 확인하자.

노태돈의 위력에 대해 하나 더 말해둘 것이 있다. 노태돈은 오랫동안 '역사비평' 연구위원 자리를 지키고 있다. '역사비평' 사이트에서 바로 확인할 수 있다. 역사비평은 진보사학 잡지로 진보사학계의 아성이다. 그런데 그 심장부에 노태돈이 앉아있는 것이다. 그리고 2016~2017년, 그러니까 위의 역사지도 폐기 사건 전후 시기, 거의 연속으로 발행된 5권의 '역사비평'에 엄청난 양의 고대사 관련 논문이 실렸다. 저자들은 대부분 고대사학계 젊은 학자들로 논문내용은 재야사학계와 역사지도를 탐탁지 않게 보는 정치인들에 대한 직간접적 성토였다. 역사비평은 본래 고대사 논문을 잘 싣지 않는다. 그러나 이 시기에 집중된 고대사 논문들은 말 그대로 광풍처럼 몰아쳤다. 이 놀라운 광경과 비교될 수 있는 건 탄핵반대를 외치는 태극기 집회 말고는 없을 것이다. 어떻게 이럴 수 있을까. 고대사학계와 진보사학계가 이렇게 강력한 혈맹이었단 말인가? 그러나 역사비평 연구위원, 즉 역사비평의 심장부에 소리 없이 앉아있는 그는 바로 노태돈이다. 이유는 알수 없지만 노태돈은 역사비평과 그렇게 친하며, 역사비평에 그런 식으로 입김을 뻗친다.

서영수와 동갑인 노태돈도 고희를 앞두고 있다. 그러나 서영수가 동북아역사재단 토론회 좌장으로 칼질을 하고 있을 때 노태돈인들 가만있으란 법 있겠는가? 그리고 그가 한 번 움직이면 수십 명의 젊은 연구자들이 집결하고(본인들은 노태돈과 무관하다 우기지만 사정을 아는 사람치고 그걸 믿는 바보는 없다) 고대사학계와 연관성이 상상도 안 되는 저 멀리 '역사비평' 동네가 뒤집어지는 것이다. 노태돈은 그렇게 거물이다. 지금부터 이런 노태돈이 고조선사를 어떻게 설계했는지 구경해보자.

1990년, 『한국사론』 23집에 노태돈의 논문 「고조선 중심지의 변천에 대한 연구」가 실렸다. 이 논문은 해방 후 주류 고대사학계 소고조선론의 틀을 완전히 바꾸었다. 그 틀은 지금도 주류 고대사학계를 지배하고 있고, 추측건대 앞으로도 오랜 시간 지속될 것이다.

논문의 결론은 간단하다. 서영수의 이론과 같은 소고조선론 '중심지 이동설'로 고조선의 중심지가 요동에서 한반도로 이동했다는 것이다. 물론 멸망한 지점은 한반도 평양이기 때문에 한사군 한반도 내재설은 조금도 훼손되지 않는다. 그럼 서영수의 논문과 무엇이 다른가. 일단 구체적 내용이 다르다. 그러나 정말 다른 것은 따로 있다. 서영수처럼 황당한 이야기는 안 한다는 것이다. 그럼 훌륭한 논문이란 말인가? 그렇지도 않다. 그렇기는커녕 엉터리다. 요지인즉 이렇다.

 '다 틀렸지만 오류를 증명하기가 불가능할 만큼 교묘하다'
는 것이다. 어떻게 그러한지 살펴보자.

 이 논문은 크게 두 가지로 나눌 수 있다. 하나는 짤막한 소재를 몇 가지 선정해서 자기 생각을 서술해 놓은 것이고, 다른 하나는 중국 고고학을 전면적으로 수용하는 것이다. 먼저 짤막한 소재들에 대한 것을 음미해본다. 독자들은 자세한 내용을 알 필요 없다. 대략적 논법만 파악하면 된다.

수경주라는 책 한 단락 다섯 줄 아주 유명한 구절인데 이것에 대해 서너 페이지 주관적인 자기 생각을 피력한 다음 이 자료는 '옳다고 보아야 한다'는 취지의 결론을 내린다. 이것은 고대 한나라와 고조선의 국경이 평양의 대동강근처라는 뜻이다.

기와편 유적 압록강 지류에서 「안평락미앙」이란 명문이 새겨진 기와편이 발견되었다. 이 유물 얘기에다 산발적인 사료 몇 개를 덧붙여 또 주관적인 생각을 말하고, '이 와당(기와편)이 출토된 지점은 한(중국 한나

라) 대의 요동군 서안평현의 유적지임을 말해준다'고 결론을 내린다. 이 것은 한사군이 한반도에 있었다는 말이다.

봉니 낙랑군 유물로 알려진 아주 유명한 물건이다. 그런데 이 유물에 대한 위조 논란도 유명하다. 노태돈은 이를 지적한 후 또 몇 가지 주관적인 생각을 말한 후 '다 위조된 것은 아니니 평양 낙랑군을 증명하는 유물로 여전히 유효하다'는 취지의 결론을 내린다. 이것은 철저히 비판되어 한사군 문제 증명을 위한 것으로는 더 이상 쓸모가 없게 된 모든 낙랑 유물을 억지로 우겨 사용하겠다는 의지이자 논법이다.

태강지리지, 갈석산, 낙랑군 수성현 태강지리지에 '낙랑군 수성현에 갈석산이 있어 장성이 시작된다'는 유명한 기록이 있다. 노태돈은 이에 대해 예닐곱 페이지 달하는 추론, 거의 소설에 육박하는 나름대로의 추론을 전개한다. 그리고 태강지리지의 기록은 착오이며, 그런 만큼 잘못된 것이라는 결론을 내린다. 이것은 만리장성 동단이 산해관 근치에 있었다는 이론이 틀렸다는 주장이다.

산융과 동호 산융과 동호에 관한 사료를 몇 개 발췌한다. 또 자기 생각을 길게 피력한 후 중국 요서지방 비파형동검의 사용자는 고조선 족속이 아닌 이들 산융과 동호라는 결론을 내린다.

대충 이런 식이다. 위의 사례는 그 중 기억해 둘 만한 내용을 발췌한 것으로 다른 것들도 더 있다. 윤내현의 이론에 비추면 노태돈의 이 헛소리들은 모두 틀렸다. 그 저열함도 폭로된다. 그러나 윤내현의 이론을 유기적으로 이해하기 전에는 이것들의 오류를 증명할 수가 없다. 예를 들어 위 소재들 하나에만 집중하여 논쟁을 하면 절대 결론이 나지 않는다. 왜냐하면 어느 소재든 관련 사료가 너무 많고 각 사료마다 해석의 여지도 다양해서 어떤 얘기를 해도 동시에 맞고 동시에 틀리기 때문이다. 즉, 그 많은 사료나 해석에 순서와 체계를 잡지 않으면 모든 논쟁은 '닭이 먼저냐 달걀이 먼저냐' 논쟁과 같아진다.

그러니까 노태돈이 정말로 한 것은 고조선 논쟁을 혼돈으로 빠뜨린 것이다. 이런 혼돈을 비전문가 대중이 알아채기 불가능하므로 노태돈은 주류 고대사학계가 무슨 짓을 해도 발각되지 않을 조건을 만든 셈이다. 이 바탕 위에 윤내현의 말은 모조리 무시하고 자신들이 하고 싶은 말만 한다. 거기엔 윤내현은 빨갱이고, 표절자고, 환빠라는 온갖 소문이나 마타도어도 들어있다. 바로 이 자리에서 고조선 논쟁은 신기루가 된다. 유령이 되고, 해결할 수 없는 복잡성이나 절망으로 전락한다. 다만 한 가지만 정확하게 지속된다. 그들이 교수직을 포함한 모든 학계 권력을 계속 장악한다는 것이다.

이게 얼마나 강력한지 예를 들어보자. 앞서 동북아역사재단의 역사지도 문제를 말했었다. 이 문제 때문에 2015년 11월 국회의원 회관에서 중대한 토론회가 열렸다. '한국 상고사-한군현 및 패수 위치 비정에 관한 논의'란 제목인데 유튜브에서 확인할 수 있다. 참석자는 소고조선론 측의 공석구 교수, 윤용구 박사, 대고조선론측의 복기대 교수, 이덕일 한가람역사연구소장이었다. 이덕일만 빼고 모두 강단의 학자들이다. 첫 번째 발표자는 공석구였다. 그는 무슨 얘기를 했을까? 바로 위 소재에 있는 태강지리지 낙랑군 수성현 얘기를 했다. 그리고 그 내용은 노태돈의 이 논문 내용과 본질적으로 동일한 것이었다. 대단하다. 25년이 지났는데도 노태돈의 태강지리지 얘기가 그대로 반복되는 것이다. 이게 바로 노태돈의 위력이다. 윤용구도 마찬가지다. 그는 낙랑군 유적 얘기를 했는데, 그것은 위 소재 중 봉니에 해당한다. 윤용구는 낙랑유적 전체를 말했지만 그걸 논하는 방식은 노태돈이 제기한 방식 그대로이다. 다른 소재도 마찬가지다. 지금 이 순간에도 주류 고대사학계가 고조선사의 틀로 확보하고 있는 것은 25년 전 노태돈의 지침, 바로 이 논문 속 이야기들이다. 그 사이 첨가된 건 그리 많지 않다. 노태돈은 이것 외에 고조선에 대한 논문을 쓰지 않았다. 단군론이나 고조선 관제 등 이것저것 언급했지만 그건 주변적인 소고나 논고에 불과하다. 그는 이 한 편의 논고만으로 거의 모든 걸 정리했다. 더불어 겨우 50페이지짜리 허접한 논문 한 편으로 정리가 끝나버리는 주류 고대사학계는 참 괴상한 곳이 아닐 수 없다.

다음은 중국 고고학을 수용하는 부분이다. 두 가지가 두드러진다.

▸▸▸ 연진장성 유적

중국 고대 국가인 연나라(춘추전국시대)와 진나라(진시황의 진나라) 시대 장성 유적이 발견되었는데 만주 지역에서 요하 이동에까지 이른다. 중국 고고학은 이 유적이 그 시기 만리장성의 일부라고 주장했다. 이로 인해 그 시기 만리장성은 북경 근처 산해관을 몇 백 킬로 넘어 요하까지 뻗은 것으로 결정되었다. 노태돈은 중국 학계의 이 결론을 한국 고대사학계에 전격적으로 도입했다. 이 주제에 관한 노태돈의 논문의 각주는 중국학자들로 도배되어 있다. 전적으로 중국학자들을 수용하고 그들에 기댔다는 뜻이다. 이후 연진장성 유적은 주류 고대사학계의 성배가 되었다. 그전 주류 고대사학계의 성배인 낙랑 유적 이상으로 중요하게 취급되었다.

이것이 왜 중대한 문제인지 앞에서 말했었다. 꼭 기억해야 한다는 '만리장성 동단' 문제가 이것이었다. 다시 말하지만 진나라와 한나라 시기 만리장성 동단이 결정되면 엄청난 문제들이 동시에 결정된다. 만일 그 시기 만리장성 동단이 현재의 산해관 지역이라 결론난다면 그날로 주류 고대사학계 이론 전체가 무너진다. 나아가 그 이론을 둘러싸고 주류 고대사학계가 100년 동안 저지른 죄악도 폭로된다. 주류 고대사학계로서는 목숨을 걸고라도 지켜야 할 문제가 만리장성 동단문제다.

그러나 윤내현 등장 이후 만리장성 동단문제는 심각한 위협을 받았다. 윤내현의 논증에 의하면 그 시기 만리장성 동단은 틀림없이 현 산해관 근처였다. 이에 대해 주류 고대사학계는 대처할 능력이 없었다. 노태돈이 중국 고고학을 수용한 이유가 여기에 있다.

▶▶▶ 비파형동검 유물

비파형동검도 앞서 언급했다. 중국의 연구와 북한의 연구가 있었는데 강력한 함의를 갖는 유물로서 윤내현 등이 대고조선론을 증명하는 데 주요하게 활용했다고 말했다. 노태돈은 이에 대한 중국학자들의 이론을 수입했다. 물론 윤내현과 북한 이론에 반대되는 이론들이다. 중국학자들 중에도 대고조선론에 유리한 견해를 가진 사람이 있지만 받아들이지 않는다. 다시 말해 대고조선론에 유리한 쪽은 빼고 대고조선론에 반대되는 중국 국수주의 쪽 이론에 기댄 것이다. 비파형동검의 위력을 감안하면 노태돈이 왜 그랬는가를 더 설명할 필요가 없다. 다만 스스로 대응하지 못하고 중국에 기댄 노태돈과 주류 고대사학계가 얼마나 무능했는가를 확인할 뿐이다.

이상 두 가지 사례다. 사례는 두 가지이지만 의미는 크다. 이것은 이후 전방위에 걸친 중국 고고학 수입을 예고한다. 그것을 촉구하고 승인하는 것이 이 논문의 취지다. 이로써 주류 고대사학계는 든든한 피난처를 확보했다. 중국 고고학은 대고조선론에 반대되는 이론이 주류를 이룰 것이다. 중국의 국수주의적 정세를 감안할 때 그럴 수밖에 없다. 그렇다면 한국의 주류 고대사학계가 기댈 수 있는 중국 고고학의 원천도 마르지 않는다. 중국이 사라지지 않는 한 그 원천도 사라지지 않는다. 이것은 그들에게 매우 익숙한 것이었다. 지난 100년 일제 관변학자의 학문적 식민지로 사는 것이 얼마나 행복했던가. 그러니 이제 새로운 위기를 맞아 중국이라는 새 주인을 찾아야 한다. 이것이 노태돈이 말한 중국 고고학으로 탈출, 그 선언의 본질이다. 이제 노태돈의 이 짧은 논문의 정체를 요약할 수 있다.

첫째, 1988년 서영수의 중심지 이동설이 얼마나 함량미달인가는 앞서 충분히 살펴보았다. 주류 고대사학계는 그것으로 안 된다는 것을 잘 알고 있었다. 서영수는 다급한 순간 시간을 벌기 위한 임시방편에 불과했다. 그 사이에 누군가 쓸 만한 대안을 만들어야 한다는 건 이미 기정사실이었다. 그리고 그 대안은 노태돈이었다. 또 노태돈일 수밖에 없다. 이병도 이후 3세대의 진정한 후계자로 제자를 기르고, 이론의 틀을 설계하고, 학계를 조율하고, 조직할 수 있는 인물이 바로 그였기 때문이다. 1990년 노태돈의 논문은 이런 준비가 끝난 주류 고대사학계의 백년대계를 향한 첫 출발점이었다.

둘째, 노태돈은 직접 이론을 만든 것이 아니라 이론의 방향과 틀을 지시했다. 여기에는 두 가지 의미가 있다.

하나는 노태돈에게 이론을 만들 능력이 없다는 것이다. 말했다시피 그는 고구려사 전공자다. 고조선사 분야에 훈련된 바가 별로 없다. 같은 고대사이니 기본 정도는 알고 그 수준에서 거론이야 하겠지만 윤내현 같은 전문성에 비추면 어림도 없다. 만일 그가 윤내현처럼 작정하고 연구를 하겠다면 차후 10년 이상 거기에만 몰두해야 한다. 그러나 노태돈에겐 그럴 의지도 없고, 그럴 여건도 안 된다. 대표적인 고구려사 연구자이자 학계 보스인 그가 자리를 떠나 다른 곳으로 갈 수는 없다. 그래서 노태돈은 고조선 연구자가 될 수 없다. 설계도를 그려 지시만 해야 한다. 나머지는 수하 제자들이 한다.

다른 하나는 훨씬 중요한 것이다. 노태돈 말고는 그런 지시를 할 수 없다는 사실이 그것이다. 서영수 경우에서 보았듯이 주류 고대사학계는 아무나 선도적인 이론을 내놓을 수 있는 곳이 아니다. 이기백 같은 거물이 승인해야 서영수 같은 자의 논문이 가능하다.

사실 어느 학계나 보수성이 있어서 새로운 이론을 억압하곤 한다. 그래서 혁신적인 학자, 특히 혁신적인 신진학자는 다치거나 추방되기 쉽다. 그러나 어떤 학계도 한국 주류 고대사학계의 폐쇄성과 억압성에 견줄 수는 없다. 앞서 말했듯 이 학계는 한국에 고립되어 있으며, 그 중에도 대중에게서 가장 멀리 떨어진 구석에 숨어있다. 그 고립성의 정도가 같은 한국 내부의 학문인 국문학이나 한국 현대사 등과는 비교가 안 된다. 따라서 장롱 밑 장판 아래 곰팡이처럼 아무리 썩어도 청소가 안 된다. 하물며 이처럼 퀴퀴한 주류 고대사학계에서 함부로 새 이론을 제시하는 건 자살행위라 해도 과언이 아니다.

노태돈 같은 거물이 나서야 하는 이유가 여기에 있다. 그가 소재를 제공하고, 그가 '중심지 이동설'을 제시 승인하고, 그가 중국 고고학 수입을 지시 허락해야 비로소 주류 사학계 전체가 그 방향으로 움직인다. 그 전에 주류 고대사학계는 단 한 사람도 움직이지 않는다. 그게 한국 주류 고대사학계이다.

    셋째, 노태돈의 논문은 윤내현의 대고조선론에 대한 패배의 선언이다. 주류 고대학계의 속성상 고래의 이병도 학설을 넘어서거나 폐기하는 일은 어지간해서는 불가능하다. 겉으로 시늉만 그렇게 하는 것이라도 해도 그건 한 발자국을 물러서는 것이며, 이는 큰 위험을 초래할 수 있다. 본래 정당성 없는 권력은 그런 법이다. 허구의 권력으로 유지되는 집단은 한 발자국의 후퇴가 균열과 붕괴를 가져올 수 있다는 걸 잘 알고 있다. 그런 주류 고대사학계가 노태돈 같은 거물을 통해 이병도를 넘어서 중심지 이동설로 한 걸음 물러난다는 것은 고조선사에서 위기가 얼마나 컸는가를 반증한다. 노태돈은 어쩔 수 없이 고조선의 활동 무대를 만주로 넓혀야 했다. 고조선이 망할 때 한반도 내부에 있었고 거기에 한사군이 설치되었다는 전제를 지키기 위해 어쩔 수 없었다.

    물론 노태돈은 권토중래를 잊은 적이 없다. 그래서 즉시 제자 송호정을 키워 이병도로 회귀하는 작업을 시작했고, 그로부터(송호정이 박사가 된 2000년) 16년이 지나 국가와 국민을 호도해서 역사지도를 만들려는 회심의 일격을 꾀하다 2016년 덜미를 잡힌 것이다. 동북아역사재단 역사지도가 폐기되고, 주류 고대사학계가 패닉과 광풍에 휩싸인 이유가 여기에 있다. 노태돈의 권토중래를 위한 회한이 이렇게도 깊고 집요했다.

그럼에도 1990년, 노태돈이 '중심지 이동설'로 한 걸음 후퇴했던 건 그만큼 다급했다는 뜻이다. 바로 윤내현 때문이다. 1982년에 등장한 윤내현은 8년의 투쟁을 통해 이 소리 없는 대첩을 이끌어냈다. 물론 이를 위해 그가 치른 대가는 엄청나다. 하지만 그는 굴하지 않았다. 1990년 이후로도 아직 15년 이상, 병환이 그를 무대에서 강제로 끌어내기 전까지, 그는 한 치의 흔들림도 없이 전진했던 것이다.

넷째, 노태돈의 논문은 소고조선론의 학문적 파산을 선언했다. 왜 그런가. 앞서 말했듯 노태돈 논문의 논법은 '오류의 증거를 잡아내기 어려운 개별 소재'들을 두서없이 나열하는 것이라 했다. 이렇게 되면 더 이상의 학문은 없다. 크게 문제가 안 되면 어떤 것이든 들고 와서 노태돈처럼 적당히 의견을 피력한 후 이론을 삼으면 된다. 누가 이의를 달면 또 애매한 소재를 들고 와 두서없이 늘어놓고 끝없이 논쟁만 하면 된다. 옳다는 건 증명할 필요가 없다. 자기가 틀렸다는 증명만 피하면 된다.

중국 고고학의 수입은 이런 현상을 몇 배나 증폭시켰다. 주류 고대 사학계는 원하는 건 뭐든지 중국 고고학에서 찾을 수 있다. 그 중에 적당한 중국학자 논문을 끌어다가 근거랍시고 제시하며 자기가 원하는 설을 주장하면 된다. 만일 누군가 그건 중국학자 얘기 아니냐고 말하면 이렇게 대답한다. '맞다. 그런데 내가 가서 보니 그 학자 말이 맞더라'라고 하면 끝이다. 연구도 뭐도 필요 없다. 비행기 타고 가서 한 번 본 다음 '내가 보니 맞더라'라고 한 마디 하면 다 된다. 그럼 자기들끼리 논문 심사나 취직은 어떻게 하느냐고 물을 수 있다. 그건 걱정할 것 없다. 서영수 논문을 이기백이 허락했듯 주류 고대사학계 논문 수준은 조직과 조직 내 권력이 판단한다. 논문 심사도 교수나 강사 채용 심사도 다 그렇게 한다. 그러니 아무 걱정 말라. 학문은 완전히 파산해도 학계는 물레바퀴처럼 잘 돌아간다.

노태돈의 논문은 이 파산을 선언한 것이다. 그게 아니고서는 윤내현의 대고조선론에 대응할 방법이 없었다.

다섯째, 마지막으로, 노태돈의 이 논문은 한국 주류 고대사학계가 중국 학계의 식민지가 되겠다는 선언이다. 앞의 이야기로 이미 분명하지만 이는 지난 100년간 인이 박힌 이들의 식민지 근성과 잘 어울린다. 그대로 둔다면 그 속에서 영원히 행복할 것이다.

이상 노태돈과 그의 논문에 대한 요약이다.

::: 2003년, 송호정

송호정은 앞서 자주 등장했던 이름이다. 2003년『한국 고대사 속의 고조선사』를 출간하여 당시 한국 주류 고대사학계 소고조선론의 총아로 등장했다. 이 송호정을 여기서 총괄 요약하기로 한다.

송호정은 노태돈의 제자로 서영수와 노태돈의 '중심지 이동설'에 대해 '평양 중심설'을 주장한 학자이다. 말했듯 송호정의 '평양중심설'은 이병도로의 극단적인 회귀다. 물론 결론에 이르는 과정은 이병도와 다르다. 이병도에는 없는 온갖 고고학 자료와 잡설이 섞여있다. 이렇기 때문에 주류 고대사학계는 자신들이 이병도와 무관하다고 둘러댈 수 있다고 이미 지적했다. 그러나 결론은 확고하다. 어떻게든 고조선을 극단적으로 축소시키고, 한사군을 한반도 내부로 우겨넣으려는 것이다. 이걸 위해 노태돈은 송호정을 키웠다는 이야기도 앞서 했다.

그런데 송호정은 노태돈의 직계제자로 직접 논문 지도를 받았다. 아니 그 정도를 넘어 방황하는 송호정을 데려다 고조선 연구자로 만든 당사자가 노태돈이다. 이런 이야기는 송호정의 책 머리말에 나오는 이야기다. 이런데도 송호정이 노태돈과 다른 이론을 제기한다는 게 어떻게 가능한 걸까? 하지만 질문이 너무 쉽다. 한 번만 더 생각하면 그것은 이상하기는커녕 너무 자연스럽다. 그러니까 이렇게 된다.

- 송호정의 이론이 노태돈과 다른 건 노태돈이 원래 원하던 바다. 노태돈이 그렇게 가르치고 지시했다 해도 이상하지 않다.
- 노태돈의 이론 구도 속에서 다른 이론으로 바꾸는 건 아주 쉽다. 앞서 말했듯 이미 파산한 소고조선론이기 때문에 소재 몇 개만 바꿔서 다른 결론을 내면 그만이다. 노태돈이 제시한 방법대로 비판받기 어려운 소재를 잘 고르고, 거기에 애매한 의견 몇 개만 피력하면 무난해진다. 이런 의미에서 노태돈의 논문과 송호정의 논문은 차이가 큰 척하지만 사실상 같은 논문이다.

이런 사정을 적나라하게 드러낸 사례가 있다. 노태돈은 2000년 『한국사 시민강좌』 27집에 「역사적 실체로서의 단군」이라는 소고를 발표했다. 그 속에 이런 구절을 써 놓았다.

이런 필자의 이동설을 비판하면서 처음부터 평양에 고조선의 중심지가 있었다고 주장하는 반론이 제기되었다. 앞으로 이 면에 대한 보다 심층적인 고찰이 요구되어지는 바이다.

-『한국사 시민강좌』 27집, 17쪽

그리고 이 문단의 각주 19번에는 '19) 송호정, 「고조선 국가형성 과정 연구」, 서울대 박사학위 논문, 1994'(1994라는 년도는 오기다. 1999가 맞다-필자)라고 적혀 있었다. 이 각주의 박사 논문이 수정

증보되어 여기서 검토하는 책, 2003년의 『한국 고대사 속의 고조선사』가 된다.

벌써 2000년부터 이 모양이었다. 노태돈은 송호정이 자신을 비판했다고 말했다. 과연 그랬을까? 이게 비판받는 자의 말투일까? 그렇지 않다. 뿌듯하고 기쁜 것이며, 자신의 글 속에서 손수 광고하여 키워주려는 열망이 가득하다. 이런 식이다. 둘이 주고받는 모양새가 짜고 치는 고스톱보다 더한 마당에 비판은 무슨 비판. 하물며 둘 간의 차이 따위가 있을 리 없다.

또 이런 현상은 노태돈의 위력을 다시 느끼게 한다. 노태돈이 키워주지 않았다면 송호정이 지금처럼 자리 잡은 교수나 학자가 될 수 있을까라는 의혹은 지나친 게 아니다. 예를 들어 윤내현의 제자 복기대를 보라. 중국 가서 혹독한 빈궁 속에 공부를 하고 돌아왔지만 스승 윤내현은 복기대에게 강사 자리 하나 내줄 힘이 없다. 그렇기는커녕 어디 소개하거나 광고해 줄 데도 없다. 그저 복기대의 책에 추천사나 써줄 뿐이다. 그에 비추면 송호정은 황태자나 다름없다. 말인즉 송호정을 이렇게 밀어줄 수 있는 노태돈의 힘을 실감한다는 것이다. 더불어 주류 고대사학계의 무서운 조직력과 이어지는 송호정의 물불 안 가리는 충성심도 십분 이해되는 바이다.

노태돈과 송호정의 관계, 그들 이론들 간의 관계에 대해서는 이해가 되었다. 그럼 송호정의 학문적 역량에 대해 알아보기로 하자. 나의 전작에서는 그의 책을 뒤지며 미주알고주알 말이 많았다. 하지만 여기서는 그러지 않기로 했으니 얘기를 달리해 보겠다.

송호정의 학문적 능력은 최악이다. 왜 그런가. 다음과 같은 이유에서다.

- 우선 송호정은 문헌 연구자로서도 고고학 연구자로서도 훈련이 덜된 사람이다. 어떻게 아느냐면 그가 책 머리말에서 고백했기 때문이다. 그는 석사 과정 때까지도 고대사 어느 분야를 전공할지 정하지 못했는데 노태돈이 중국 고고학 논문들을 정리하라고 주문해서 고조선에 관심을 갖게 되었다고 했다. 애초 고조선에 열정도 없었던 석사학생이 해당분야 문헌과 고고학에 잘 훈련될 수 있을까? 나아가 본인은 원래 차분히 몰두하는 스타일이 아니었다고 하는 바 내가 보기에도 겸손만은 아니다. 결국 고조선 연구에 거의 절망하고, 부여사로 전공을 바꾸려 했는데 그때 노태돈이 다시 붙잡아 고조선 연구를 계속했다는 거다. 다시 말하지만 그의 논문과 글을 보건데 이건 겸손이 아니다. 그는 분명 노태돈에 의해 급조된 박사이고, 학문보다 주류 고대사학계 소고조선론을 위한 홍보원 역할에 더 몰두했다.

- 송호정은 또 한 권의 유명한 책을 썼는데 『단군, 만들어진 신화』가 그것이다. 이 책 머리말에서 송호정은 '학계의 정리된 입장을 쉽게 볼 수 있도록 안내서 역할을 하겠다는 것이 이 책을 내게 된 가장 큰 이유라 할 수 있겠다'라고 썼다. 그러니까 학계 아닌 대중에게 쉬운 해

설을 하겠다는 책이다. 그럼 묻자. 이 책이 과연 학계의 정리된 입장을 쉽게 썼을까? 이 책의 첫 시작, 머리말 첫 페이지 두 번째 단락에는 자기에게 온 메일 한 편이 소개되었는데 다음과 같다.

'단기를 흔히 기원전 2333년 시작으로 보는데, 연표를 찾아보니, 대개 유사에 나오는 요 50년이 아니라 요 25년 무진년을 기원으로 하고 있더라구요. 무엇을 근거로 이렇게 계산하는 건지….'

그럼 이 문장에서 '유사', '요 50년', '요25년 무진년'이란 단어의 뜻을 아는 사람은 일반대중 10명 중 몇 명이나 될까? 하물며 이 문장의 뜻 전체를 이해하는 대중은 몇 명이나 될까? 내가 보기엔 한 명도 힘들다. 반면 이 단어들과 문장이 무슨 말인지 아는 사람은 쉬운 안내서 같은 걸 볼 필요가 없는 사람일 가능성이 높다. 그러나 송호정은 저 문장을 써 놓고 더 이상 아무 해설도 안 해주고, 단어 뜻도 안 알려주고 심지어 저 문장을 왜 인용한 건지도 말해주지 않는다. 그래 놓고 바로 몇 줄 아래 '학계의 이야기를 쉽게 볼 수 있는 안내서'를 쓰겠다고 말한다.

이 사례에서 예감할 수 있듯 이 책은 대중이 절대로 알 수 없게 쓰여 있다. 쉬운 이야기야 그냥 지나가지만 예민한 부분, 쉽고 친절한 논증과 해설이 필요한 부분은 모조리 얼버무린다. 때로는 거의 독백에 가깝다. 그렇다면 이런 이상한 짓을 하는 대한민국 제1호 고조선 박사라는 자의 정체를 뭐라 이해할까?

'무능하고 자기아집에 휩싸인 저급 학자'라고 이해한다. 학자로서 송호정이 딱 이 수준이다. 그리고 바로 이렇기 때문에 소고조선론의 맹신자이자 맹목적 전사가 될 수 있었던 것이며, 바로 그렇기 때문에 이 사기성 농후한 주류 고대사학계 고조선 논쟁의 첨병으로 선택된 것이다.

이런 송호정이 박사 논문을 쓰고 그것을 보충 확대하여 600페이지짜리 책을 썼다. 노태돈이 만들어 준 뼈대에 온갖 고고학 자료와 문헌 자료 쪼가리를 버무려 만든 책이다. 어찌 보면 딱한 일이다. 그러니 이 책 내용 이야기는 그만두기로 하자. 그가 이병도로 회귀하는 극단적 소고조선론, 평양중심설의 둘도 없는 대표 주자라는 것만 기억하자. 대신 다른 이야기를 하자.

송호정의 박사논문은 1999년에 제출되었고 2000년에는 대한민국 고조선 1호 박사가 되었다. 듣고 보니 타이틀이 대단하다. 이 화려한 타이틀을 이마에 붙이고 송호정이 처음으로 한 일은 무엇이었을까?

2000년 『역사비평』 겨울호에 쟁점논문 「'비밀의 왕국, 고조선' 실상은 이렇다」라는 논문이 실렸다. 또 『역사비평』이다. 그리고 이 논문의 저자는 송호정이다. 그러니까 박사가 되자마자 송호정이 한 첫 번째 작업은 이 논문이었던 것이다. 그럼 이 논문은 무엇인가. 송호정의 이 논문이 발표되기 직전 2000년 10월 17일 KBS-TV '역사 스페셜'

은 윤내현의 이론에 근거한 '비밀의 왕국, 고조선'을 방영했다. 송호정의 논문은 이를 맹렬하게 비판한 것이었다. 온갖 수난에도 불구하고 가차 없이 전진한 윤내현이 방송에까지 진출하자 몸이 달아오른 주류 고대사학계가 발악을 했던 것인데, 그 대표선수로 출전했던 자가 바로 송호정이었던 것이다.

여기서 발악이란 과장이 아니다. 몇 달 전에 겨우 박사가 된 애송이 학자 송호정이 이 논문에서 윤내현이나 신용하나 박선희 교수 같은 대고조선론 대가 선배들에게 보여준 태도는 실로 가관이었다. 나는 전작에서 이에 대해서 말한 적이 있는데 정말이지 송호정의 그런 태도를 보고 있노라면 주류 고대사학계 학자들은 질이 안 좋다는 생각이 든다. 대중 앞에서는 점잖은 척 고상을 떨면서 뒤로는 일제강점기 고등계 형사 같은 일을 한다. 이처럼 송호정을 통해 그들의 본색이 드러났으니 발악이란 말이 과장이 아닌 것이다.

이어 2003년 송호정은 앞서 검토한 그의 대표작 『한국 고대사 속의 고조선사』를 출간한다. 이제 이 책의 의미도 분명해진다. 노태돈의 뼈대에 잡동사니를 버무려 만든 이 책은 본질적으로 광고용이었다. 즉 주류 고대사학계는 박사를 배출해 이병도로 회귀한 '평양중심설'을 회복했으며, 박사를 배출해 주류 고대사학계 소고조선론의 학문적 권위를 회복했다는 것이다. 이 책이 하드커버에 최고급 장정으로 출간된 이유가 여기에 있다.

이어 2004년, 앞에서 말한 가짜 '쉬운 안내서' 『단군, 만들어진 신화』가 출간되었다. 위『역사비평』에 실렸던 논문처럼 지난 논고와 글들을 모아 놓은 것이다. 하지만 왜 출간했는지 도무지 알 수 없었던 이 책의 의미 또한 분명하다. 말했듯 이 책은 대중을 위한 안내서 따위가 아니다. 이 책은 대중을 향해 '박사라는 사람이 책을 썼으니 너희는 그냥 그런 줄 알라'는 것으로 절반은 협박이고, 절반은 사기인 책이다. 이걸로 대중을 더욱 무지하게 만들고, 그 무지를 기반으로 자신들의 권위를 치장하려는 것이다.

송호정은 계속해서 이렇게 활동했다. 고조선과 관계된 모든 곳에 고조선 1호 박사 타이틀을 휘날리며 얼굴마담으로 뛰어다녔고, 마침내 동북아역사재단 심장부에 틀어박혀 저 위대한 이병도표 역사지도를 작성하는 총책이 되었다가 덜미를 잡혔다. 그리고도 남은 이야기가 있다. 그러나 그것은 뒤로 미루겠다. 이제 송호정을 요약하기로 한다.

- 송호정은 학문적으로 무능하다. 그 무능에 필적할 수 있는 사람은 서영수 정도이다.
- 송호정의 '평양중심설'은 노태돈의 '중심지 이동설'과 동일한 것으로 그저 몇 가지 결론만 바꾼 것이다. 이를 감추기 위해 잡동사니 고고학 자료와 문헌 자료를 뒤섞어 놓은 것이다.
- 송호정은 '중심지 이동설'로 후퇴했던 주류 고대사학계가 이병도의 극단적 소고조선론으로 되돌아가기 위한 노력의 결과물이었다. 이후 주류 고대사학계는 대외적으로 '중심지 이동설'을 주장

하는 척하면서 내부적으로는 뼛속까지 '평양중심설'로 재무장하
게 되었다.

- 송호정은 고조선 박사 1호로 '제조'된 것이고, 이는 주류 고대사
학계의 대외적 광고를 위한 것이다. 실제로 송호정은 그렇게 활
동했다.

::: 2006년, 오강원

오강원은 요즘엔 별로 눈에 띄지 않는다. 하지만 2010년 전후에는
활약이 대단했다. 그런 그가 왜 잘 보이지 않는지 모르겠지만 어쨌
든 주류 고대사학계 고조선 논쟁사에서는 빠뜨릴 수 없는 인물이다.

오강원은 고고학자다. 2006년 『비파형동검문화와 청동기문화』를
출간하면서 송호정에 이은 주류 고대사학계 고고학의 총아로 등장했
다. 송호정이 고조선 역사학의 신진이라면 오강원은 고조선관련 고
고학의 신진이다. 오강원도 물론 노태돈의 작품이다. 노태돈으로서는
주류 고대사학계 소고조선론의 권토중래를 위해 송호정의 역사학과
더불어 오강원의 고고학이 반드시 필요했다. 현대 고대사학에서 고고
학의 후원은 필수적이기 때문이다. 오강원의 위의 책이 2006년에 발
간되면서 노태돈의 설계는 완성되었다. 일제 관제사학의 화신인 이병

도류 송호정의 역사학과 중국 동북공정의 화신인 중국 고고학류 오강원의 고고학이 결합되면서 노태돈과 주류 고대사학계는 평강의 땅에 안착했다. 이중의 학문적 피식민지화를 통해 과거의 주인 일본과 새로운 주인 중국이라는 막강한 주인들을 섬기며 이들은 향후 100년이 태평할 거라 믿었을 것이다. 그렇게 오강원은 주류 고대사학계의 마지막 퍼즐을 끼워 맞추었다. 나머지는 여기에 기대어 자기들 하고 싶은 대로 주장하면 그만이다.

하지만 오강원은 과거 이력에서 특징을 보인다. 노태돈이 키워낸 주요 3인방 (고조선사의 송호정, 가야사의 김태식, 만주지역 고고학의 오강원) 중 다른 두 사람은 서울대 국사학과 출신이지만 오강원은 강원대 사학과 출신이다. 이것은 음미해볼 만한 사실로 잠시 후 살펴 볼 것이다. 우선은 그의 논문을 검토하기로 한다.

오강원의 논문이 한 일은 두 가지다. 하나는 비파형동검에 대한 북한과 윤내현의 연구를 분쇄하는 것이고, 다른 하나는 이것과 더불어 고조선 시기 중국 고고학을 수입하는 것이다. 먼저 비파형동검 이야기다.

비파형동검이 왜 중요한지 앞서 말했다. 워낙 강력하고 인상적인 유물이므로 이것은 주류고대사학계 소고조선의 목젖을 겨냥하는 칼날과 같았다. 주류 고대사학계로서는 반드시 분쇄해야 한다. 그전까지, 가령 송호정까지는 '비파형 동검 분포지역이라 해서 다 동질적인 집단이라 할 수 없다. 지역마다 다른 유물들을 따라 세부적으로 나누어야 하며, 고조선은 그 세부 지역 중 하나에 불과하다'는 논리를 전개하며 고조선을 축소시켰다. 하지만 이것만으로는 궁색함과 불안감을 떨쳐버릴 수 없다. 고고학적 접근을 통해 보다 근본적이고 본격적인 대안을 찾아야 한다. 그것을 해치운 것이 오강원이다.

이를 위해 오강원이 한 인상적인 작업은 '비파형동검 분류방식'이다. 논문 서두에 나오는 것으로 언뜻 보면 별거 아닌 거 같지만 대단히 중요하다. 비파형동검을 멋지게 분류한 논문은 앞서 말한 북한의 『비파형단검 문화에 관한 연구』이다. (앞서 말했듯 비파형동검과 비파형단검은 같은 것이다. 이 단검을 학자나 지역에 따라 다른 이름으로 부를 뿐이다. 남한에서는 비파형동검이란 명칭이 주로 사용된다.) 이 책은 비파형동검을 길이 형태 등 눈으로 직접 보이는 특징을 따라 분류했는데 그러면서도 학문적으로 유용했다. 이런 선명성은 소고조선론 입장에서는 굉장히 불편하다. 왜냐하면 대중의 입장에서 봐도 쉽고 명확해서 대고조선론의 이미지를 유감없이 웅변하기 때문이다. 이렇기 때문에 오강원은 이 분류를 파괴해야 했다. 그럼 어떻게 했는가. 여기서부터는 주의가 필요하다. 요절복통 할 수 있기 때문이다.

오강원은 여타 분류법과 더불어 북한학계의 분류법을 한 페이지 헛소리로 치워버린 후 자기만의 분류법을 다음과 같이 제안했다.

'검의 길이를 검 몸 최대 너비로 나눈 값을 측정한다. 검 몸의 뾰족하게 돌기한 부분의 너비를 검 몸 오목하게 들어간 부분의 너비로 나눈 값을 측정한다. 전자를 세로 축 후자를 가로 축으로 한 직교 평면

에 측정한 값들을 점으로 표시한다. 이때 여기저기 몰려있는 점들의 집단을 분류기준으로 삼는다.'

익숙하지 않는 독자는 이게 무슨 말인지 당혹감을 느끼겠지만 그래도 가능한 쉽게 표현한 것이니 약간의 노력을 들여 이해하기 바란다. 그나저나 기막힌 일이다. 길거리의 돌멩이를 주워 비슷한 분류를 해도 직교좌표 상엔 점들의 무리가 나타나기 마련이다. 그걸로 뭘 어쩌자는 건가. 자기 깐엔 잔뜩 의미를 부여하겠지만 웃기지도 않는 소리다. 누가 뭐라는 사람 없다고 별 해괴한 짓을 한 것이다. 실은 오강원 본인에게도 의미가 없다. 이런 분류만 해놓았을 뿐 어차피 그의 논지를 끌어가는 건 비파형동검이 아닌 다른 중국 유물, 특히 중국 연나라 유물이기 때문이다. 그가 한 것이라곤 북한의 분류법을 포함해 비파형동검이 담고 있는 일체의 대고조선론적 이미지와 함의를 제거한 것이다.

그리고 나면 이야기가 쉬워진다. 북한 이야기는 직교 평면의 점들로 한 방에 사라졌으므로 비파형동검에 대한 자기만의 연구방식을 의기양양하게 선포한다. 요지인즉 '비파형동검은 동반하는 다른 유물, 특히 중국 전국시대 연나라 유적과 관련해서 파악해야 한다'는 것이다. 그럼 결론이 어떻게 나올까? 이렇게 나온다.

'비파형동검은 만주 서쪽에서 동쪽으로 전파된 것이다. 후에 연나라가 동진하면서 쇠퇴했다'

이것은 송호정의 고조선사와 일치한다. '고조선족은 만주 동쪽에서 서북한에 걸쳐 살던 부족인데 서쪽 지역의 영향으로 비파형동검문화도 일부 영위하고 그러다 연나라에 밀려 한반도로 밀려났다'는 이야기와 부절처럼 맞아 떨어진다. 이렇게 되면 만주와 한반도를 아우른 비파형동검 지역의 동질성이 저절로 붕괴되고 고조선은 그 지역 내 후진 부족 중 하나로 전락한다. 이것이 오강원의 비파형동검 요리법이다.

다음으로는 중국 고고학의 수입이이다. 이는 위의 비파형동검 이야기에서부터 이미 분명하다. 북한은 비파형동검을 중심에 두고 동반 유물을 검토했다. 다른 게 아니라 비파형동검을 연구하는 한 당연히 그래야 한다. 그러나 오강원은 비파형동검을 연구하면서 다른 유물들을 중심에 두었다. 그런데 그것은 모두 중국 땅인 만주에서 중국학자들이 정리한 것이다. 오강원은 그들 중 중국 국수주의에 가까운 사례들을 인용하고 거기에다 '내가 가서 봤더니 그 말이 맞더라'라는 한마디만 덧붙인 셈이다. 문제는 이것이 거기에서 그치지 않는다는 것이다. 노태돈에 의해 제시되고 오강원의 이 논문에 의해 구체적 작업이 실행된 이후 한국 주류 고대사학계는 이 방식을 완전히 체득하게 되었다. 즉 중국 고고학으로의 탈출이 완성된 것이다. 한국 주류고대사학계의 중국 고고학에 대한 피식민지화. 오강원은 그 첫 사례를 실험하고 완비한 당사자였다.

그러나 이런 오강원의 논문임에도 불구하고 비판하기는 아주 쉽다. 대중이 알아들을 수 없는 전문용어와 자료와 도표로 뒤덮인 600페이지짜리 덩어리라 해도 마찬가지다. 왜냐하면 여기에 맞서는 윤내현의 제자 복기대의 논문이 있기 때문이다. 복기대는 풍찬노숙의 고달

픈 유학을 마치고 돌아와 2002년 『요서지역의 청동기시대 문화연구』를 출간했다. 당연히 오강원의 논문과 반대 입장에 서 있다. 따라서 우리 같은 대중은 한 마디만 하면 된다. '복기대는 오강원과 다르게 말하던데요'라고. 그러니 오강원 논문 얘기는 이 정도로 하자. 대신 앞서 말한 그의 '다른 이력'이라는 것을 음미해보자.

오강원은 강원대 사학과를 졸업하고 한국학 중앙연구원에서 석,박사 과정을 이수했다. 이런 그가 어떻게 노태돈의 눈에 띄었을까. 노태돈은 방황하는 송호정을 손수 이끌어주었다. 자기가 근무하는 서울대 국사학과의 석사과정 학생이었으니까. 하지만 오강원은 관악산 밑, 이병도 사단의 총 본산 서울대 국사학과와는 너무 멀리 떨어져 있지 않은가. 그런 오강원이 어떻게 노태돈의 주목을 받았느냐는 것이다.

1994년 오강원은 한국학 대학원에서 석사논문 「고조선 위치비정에 관한 연구사적 검토」를 제출한다. 오강원 말에 의하면 그의 석, 박사 과정 지도교수는 강인구이다. 그러나 그건 중요하지 않다. 중요한 건 이 논문의 내용이다. 이 논문은 1990년 노태돈의 그 논문 「고조선 중심지의 변천에 대한 연구」의 선언이 튀어나온 이후 가능한 모든 것을 쓸어 모아 노태돈의 이론, 이른바 '노태돈의 중심지 이동설'이 옳다는 것을 주장한 논문이다. 약간의 차이는 눈속임에 불과하다. 게다가 이 논문에는 윤내현에 대한 비판이 장장 7페이지나 된다. 오강원이 이토록 집요하게 비판한 학자는 윤내현 하나뿐이다.

이쯤 되면 보고 싶지 않아도 노태돈의 눈에 띄지 않을 수 없다. 1990

년 노태돈의 설계도(노태돈의 그 논문)가 출간된 직후, 아직 제자 송호정이 서울대 국사학과 어느 창가 아래에서 번뇌하며 방황하고 있을 무렵, 멀리 떨어진 강원도 학생 하나가 이렇게 맹렬한 열정과 충성심을 폭사하고 있었다. 당시의 노태돈에겐 너무도 필요하고 너무도 흡족한 석사과정 학생 아니었겠는가?

1997년 오강원은 『청계사학』 13집에 「창려현 위치에 관한 일 고찰」이라는 짧고 엉망인 논문을 발표한다. 내용은 이런 저런 잡소리가 많지만 핵심은 윤내현 비판이다.

1998년 오강원은 『강원사학』 14집에 「고조선의 패수와 패수」라는 짧고 황당한 논문을 발표한다. 내용은, 역시 이런 저런 잡소리가 있지만 이 논문에서 핵심만 인용하자면 '노태돈의 연구는 문헌의 고증과 고고자료의 활용이 합리적이고 체계적이며 치밀하다는 점에서 기왕에 제출된 견해 중 가장 설득력이 있는 것이다(『강원사학』 13,14 집 합본 66쪽).'가 된다.

오강원의 학문적 견해와 신념을 그 자체로 뭐라 할 바는 못 된다. 하지만 나 같은 대중은 눈꼴이 시다. 물론 그 진실성도 의심한다. 결정적으로 그는 위의 석사 논문에서 다음과 같은 발언을 한다.

'이지린과 윤내현의 설은 공동연구에 의해 이루어진 것처럼 적지 않은 부분에서 유사성이 발견된다. 그러나 약간의 차이점도 발견된다. 여기서 양인의 주요 논점에 대한 검토를 할까 한다(「고조선 위치비정에 관한 연구사적 검토」 70쪽).'

이지린과 윤내현이 공동연구를 한 것 같다고? 케플러와 뉴튼은 둘 다 행성 궤도가 타원이라 주장했으니 차라리 그 둘이 공동연구를 한 것 같다고 하는 게 낫지 않겠나? 케플러와 뉴튼은 나이 차이가 너무 나서 공동연구를 못한다고? 그럼 만난 적도 만날 수도 없는 북한 학자 리지린과 남한 학자 윤내현은 어떻게 공동연구를 할 수 있었을까? 아하, 윤내현이 간첩이라고? 오강원은 학자의 타이틀을 달고 이런 기묘하고 섬뜩한 언사를 일삼았다. 당시 주류 고대사학계가 눈에 쌍심지를 켜고 윤내현을 간첩으로 몰아가던 시절, 윤내현이 리지린을 표절했다고 입에 거품을 물던 시절, 머리에 딱지도 안 가신 이 새파란 석사과정 학생이 벌써 저런 마타도어를 연발한다. 바로 1988년 주류 고대사학계 대표 메카시스트 이기동이 윤내현을 몰아가던 그 어법이다. 이러니까 나 같은 대중은 정나미가 떨어지는 것이다.

오강원은 통통한 몸집에 사람 좋은 미소를 담고 있다. 그러나 그의 내면은 그렇게 독하고 맹렬했다. 주류 고대사학계의 배부른 학생들은 아무도 가지 않던 시절 홀로 만주 고고학 유적 단지에 뛰어들어 거친 날들을 보내고 윤내현이 리지린의 공동연구자라는 주류 고대사학계의 마타도어를 거침없이 외치는 홍위병 역할을 수행한 그는 아주 빠른 시간 내에 자리를 잡고 교수가 되었다. 축하한다.

그 밖에 다른 이야기도 있으나 생략하기로 한다. 오강원에 대해서 다음의 것만 기억하도록 하자.

- 오강원은 노태돈이 제시한, 주류 고대사학계의 소고조선론에 꼭 필요한 중국 고고학 수입을 구체적으로 실현했다. 이후 주류 고대사학계는 고고학에서 안정감을 획득했다. 그런 의미에서 오강원은 이후 더 이상 필요하지 않았을 수도 있다. 오강원의 사례를 통해 누구든 중국 고고학에 접근할 수 있고, 그것을 사용할 수 있다는 게 분명해졌기 때문이다.

::: 2007~2010년, 서영수 그리고 김정배

이 부분은 짧게 정리할 수 있다. 주류 고대사학계 소고조선론의 주요한 작업은 앞에서 거의 마무리되었고 이 부분은 그 이후 정지 작업에 가깝기 때문이다.

- 2007년, 『고조선의 역사를 찾아서-국가, 문화, 교역-』이 출간되었고, 2009년, 『고조선사 100년-고조선사 연구의 현황과 쟁점-』이 출간되었다. 둘 다 앞서 서영수 편에서 언급했던 책들이다. 이 책들은 서영수가 주동이 되어 몇 몇 고대사 연구자들의 논문을 모아 놓은 것이다. 송호정, 오강원 이후 자신감을 얻은 주류 고대사학계가 주변 연구자들을 묶어내며 선전전을 진행한 것이다.

이것은 시기적절한 대응이자 서영수에게 어울리는 작업이었다. 송호정이나 오강원 같은 핵심적이고 대규모적 기획이 아니라 산재하는 연구자들의 산발적인 논문을 엮는 것이었기 때문이다. 계속 활동 중인 윤내현을 압박하고, 대중적 이미지를 제고하는 데 일정 정도 성공을 거두었다.

논문들의 내용은 서영수 논문처럼 형편없는 것에서부터 그런 대로 읽어 줄 만한 것도 있다. 그러나 이들이 소고조선론자로서 고조선 논쟁사에 기여한 것은 거의 없다.

- 2010년, 김정배의 『고조선에 대한 새로운 해석』이 출간되었다. 이것도 앞에서 언급했었다. 김정배는 주류 고대사학계 최고 원로였고, 소고조선론 방계이론의 대표자이면서도 고조선 논쟁에 거의 개입하지 않았다. 윤내현이 그의 이론을 여러 곳에서 날카롭게 비판했음에도 그렇다. 그러다 2010년이 되어서야 이 책을 출간한 것이다. 이는 윤내현의 은퇴를 전후한 시기 주류 고대사학계의 승리선언과 비슷한 것이다. 김정배는 모든 전투가 끝난 후 자욱한 연기를 뚫고 헬기에서 내린 사령관 같았다.

말했듯 논문 자체는 별 의미가 없다. 일단 주류 고대사학계 소고조선론 진영에서 별로 인용이 되지 않는다. 그런 만큼 고조선 논쟁사 무대에서 주목할 것이 없다. 사실 그는 일찌감치 행정직에서 일을 했고, 이에 따라 연구능력은 사라졌다고 봐야 한다. 2010년의 논문은 흔히 있는 원로의 과시행위로 보는 게 맞다.

그러나 사령관 김정배의 입지는 대단했다. 노무현 정부 시절 그는 동북아역사재단의 전신인 고구려연구재단의 초대 이사장을 역임하다 중도하차 했으나 이명박 정부에 들어서 한국학중앙연구원 원장을 역임했고, 2015년 마침내 국정화 교과서 프로젝트 총책이 되었다.

2010년 김정배의 이 책으로 고조선 논쟁사의 1차 시기가 막을 내린다. 윤내현은 사라졌고, 그의 제자 복기대는 아직 끝나지 않은 고난 속에서 충분히 성숙하지 않았다. 88년 이후 지난 역사는 세탁되어 소리 없이 사라지는 듯했다. 하지만 사라진 것은 아무것도 없었다.

::: 1994년, 윤내현 그리고 전후 30년

지금까지 주류 고대사학계의 소고조선론을 약술했다. 이제 같은 시기 대고조선론을 살펴보기로 한다. 윤내현에 대해서는 앞에서 전체적으로 개괄했다. 여기서는 잘 알려져 있지 않지만 중요한 사항 몇 가지를 서술한다.

- 1988년 윤내현은 장광직의 『상문명』을 번역 출간한다. 윤내현은 논문에서 장광직을 자주 언급했고, 연구에도 주요하게 활용했지만 주

류 고대사학계를 비롯해 아무도 주목하지 않았다. 그럼 장광직은 누구인가. 대만 출신의 학자로 하바드 대학에서 은나라(곧 상나라다)를 중심으로 중국 고대사를 연구한 학자다. 그런데 장광직은 굉장한 학자다. 서구에서 중국 고대사 연구의 유일한 대가로 인정받는다. 만일 서점에서 서구학자가 쓴 중국 고대사 관련 책을 꺼내든다면 거의 예외 없이 장광직을 발견하게 된다. 그 책이 어느 분야이든, 인류학이든 사회학이든 중국 고대사와 관련된 부분에서는 장광직이 등장한다. 윤내현이 이런 사람의 책을 번역했다는 것은 그가 고대사회와 국가, 특히 동북아시아 고대 사회와 국가에 관한 보편적 틀을 이해하고 완성했다는 뜻이다. 장광직의 『상문명』은 고대사회와 국가에 대한 세계적 이론을 비판적으로 포괄하고, 그 속에서 동양 고대 사회와 국가의 특징을 구분한 책이기 때문이다. 실제로 윤내현은 하버드 대학을 방문할 때마다 장광직과 교류했다.

여기에서 윤내현의 역량을 다시 확인하게 된다. 고조선을 고대제국이라 할 때 사람들은 로마제국 같은 것을 떠올린다. 하지만 윤내현은 그런 식으로 말한 적이 없다. 그가 고대국가를 말할 때는 세계적 학자들 간에 논의된 과학적 이론에 근거한다. 이렇기 때문에 주류 고대사학자들은 대응할 엄두를 내지 못했다. 윤내현은 그들에게 왜 고대사회나 국가에 대한 보편적인 이론을 외면하고, 주관적이며 정확하지 못한 개념들을 자의적으로 사용하느냐고 비판했지만 주류 고대사학계는 들은 척도 하지 않았다. 사실은 귀를 막고 도망쳤다. 윤내현이 장광직의 『상문명』을 번역 출간한 것에는 이런 상황과 이에 대한 개탄이 담겨 있다. 그것은 고조선사 연구의 기초를 닦는 것과 동시에 주류 고대사학계 전체를 향한 질타이자 훈계였다.

- 1990년 러시아 학자 '유 엠 부찐'의 『고조선-역사, 고고학적 개요』가 번역 출간되었다. 번역자는 이항재와 이병두이다. 하지만 이 책은 윤내현의 기획과 추동에 의해 출간된 것이다. 하버드 대학에서 이 책의 원서를 발견하고, 우여곡절 끝에 출간에 이르기까지, 전 과정이 윤내현에 의해 주도되었다.

출간 당시 이 책은 고조선에 관심 있는 독자들 사이에서 회자되었다. 이 책이 러시아 학자가 쓴 대고조선론의 하나였기 때문이다. 아직 윤내현의 『고조선 연구』도 출간되지 않은 시절, 다시 말해 한국에 고조선 관련 단행본이 단 한 권도 없던 시절에 외국, 그것도 러시아 학자가 총체적이고 학술적인 고조선사 책을 썼다는 사실은 충격에 가까웠다.

이 책은 북한학자 리지린(앞서 말한 리지린이다)의 연구를 많이 언급하지만 남북한 및 해외학자들을 전반적으로 포괄한다. 내외 모든 이론을 비판적으로 검토한 것이다. 이런 책인 만큼 그 함의도 적지 않다. 한국 고조선연구에 한정하면 장광직의 『상문명』에 필적하는 의미가 있다.

윤내현이 이 책을 세상에 내놓았다는 것은 두 가지 의미를 갖는다.

하나는 그가 고조선에 관한 남북한 및 국내외의 연구 상황 전체를 개괄하고 있었다는 것이다. 다른 하나는 이병도 이후 40년 동안 아무것도 하지 않고 안락한 요람에서 무위도식하며 단 한 권의 단행본도 내지 못하는 주류 고대사학계를 질타한 것이다. 직접적인 비판을 할 줄 모르는 윤내현의 가장 학자적인 성토방식이다.

- 1994년 윤내현의 『고조선 연구』가 출간되었다. 앞서 말했던 대로 윤내현의 대표작이다. 동시에 현재까지 한국 대고조선론의 정점이자 완결이다. 이 책은 단 한 번도 본격적으로 비판된 적이 없다. 비판은커녕 제대로 거론된 적도 없다. 있다면 곡해와 매도뿐이다. 그러므로 누군가 고조선을 이해하고 싶다면 먼저 이 책을 읽어야 한다. 그러지 않고 고조선을 언급한다면 그것은 사기나 다름없다. 이는 과한 표현이 아니다.

- 1998년 윤내현의 『한국 열국사 연구』가 출간되었다. 윤내현의 마지막 대작이다. 고조선 이후 삼국시대에 이르는 한국 고대사를 윤내현의 대고조선론에 입각하여 재구성한 것이다. 대고조선론을 정립한 이상 윤내현으로선 반드시 해야 할 일이었다. 『고조선 연구』 못지않게 놀라운 책이지만 더 이상의 이야기는 생략하겠다.

- 윤내현의 저술 작업 외의 활동을 약술한다. 2002년, 윤내현은

단군학회 3대 회장에 취임하여 2005년까지 3, 4대 회장을 역임한다. 이전 1, 2대 회장은 김정배였고, 윤내현 이후 5대 회장은 김상일로 이어진다. 이 학회에 대해서도 많은 이야기를 해야 하지만 생략한다. 다만 당시 단군학회란 주류 고대사학계를 포함하여 고조선 관련 학자들의 총 집결이며, 그 학회의 회장은 관련 학계 대통령쯤 된다는 정도만 이해하자.

중요한 것은 윤내현이 단군학회 회장을 지내면서 성취한 역사적인 사업이다. 2003년 북한의 평양에서 열린 남북한 학자들의 공동 학술모임이 그것이다. 이것은 한반도 내부에서 열린 최초의 남북한 공동 학술모임이다. 윤내현의 대외활동 최고의 업적이자 윤내현 자신에게도 가장 보람 있고 자랑스러운 일이었다. 이것이 가지는 역사적 의미는 더 말할 필요도 없다. 그러나 이것도 지금은 잊혀진 사건이다. 누구 하나 이 사업을 기념하기는커녕 기억하는 사람도 없다.

아마도 이 시절이 윤내현의 절정기였을 것이다. 윤내현은 주류 고대사학계의 엄청난 음해와 공격에도 불구하고 도저히 가능할 것 같지 않은 단군학회의 회장이 되었다. 그리고 그 기회를 놓치지 않고 위와 같은 대업을 이루었다. 이것을 가능케 한 당시의 정치 경제 학계 등의 상황은 또 다른 연구대상이다. 그러나 이런 일을 해낸 윤내현의 열정과 헌신만은 의심의 여지가 없다.

::: 2002년, 복기대

말했듯 복기대는 윤내현의 제자이다. 유학을 마치고 돌아온 직후에는 초기 시절인 만큼 크게 두각을 드러내지 않았다. 그러나 현 시기 그는 매우 중요한 인물이다. 윤내현 이후 남한의 대고조선론을 한 몸에 짊어지고 있으며, 학문적으로 뿐만 아니라 대외적으로도 눈부신 활동을 전개하고 있다. 따라서 차후 현 시기 고조선론을 개괄할 때 상세히 다룰 것이다. 여기서는 그의 초기 논문 두 가지만 소개한다.

- 2002년, 『요서지역의 청동기시대 문화연구』 박사학위를 마치고 출간한 책이다. 앞서도 언급했던 책인데 문체가 조심스럽긴 하지만 (여기엔 당연히 이유가 있다) 주류 고대사학계 소고조선론의 만주지역 고고학 이론에 정면으로 맞서는 책이다. 그런 점에서 최초이면서도 강력한 힘을 가진 기념비적 작품이라 할 수 있다.

- 2010년, 「고구려 도읍지 천도에 관한 재검토」 이 논문은 『고조선단군학』 22호에 실린 것이다. 그 당시에는 아무도 주목하지 않은 짧은 논문이다. 그러나 이 논문은 나중에 엄청난 의미를 드러낸다. 이것은 현재 윤내현 이후 대고조선론의 최대 화두이다. 물론 뒤에서 상세히 논할 것이다.

::: 2005년, 박선희

2005년 박선희의 논문 「복식으로 본 고조선의 강역」이 발표되었다. 윤내현, 박선희, 하문식 공저 『고조선의 강역을 밝힌다』 속에 게재되었다. 박선희는 당시 상명대 교수로서 이전부터 윤내현의 이론을 수용하고 공동연구를 하였다. 이 논문으로 박선희는 유력한 대고조선론 연구자로서 모습을 드러낸 것인데 그 내용은 깜짝 놀랄 만한 것이다. 이 논문은 고대 한반도와 만주의 복식 유물 분포가 비파형동검 분포 및 윤내현의 이론과 완전하게 부합함을 보여주었다. 물론 주류 고대사학계는 철저히 무시했다.

그러나 박선희는 쉬지 않고 연구를 진행하였다. 윤내현이 무대에서 사라진 뒤에도 마찬가지다. 비교적 최근의 저작 『고조선 복식문화의 발견』, 『고구려 금관의 정치사』 등이 이를 대변한다. 그녀는 대고조선론의 정당성에 대해 단호하다. 자신의 연구와 윤내현의 이론을 확신하며 자신감에 넘친다. 박선희의 연구들이 차후 어떤 의미를 드러낼지 아직은 알 수 없으나 개인적으로 잠재력이 크다고 생각한다. 최근 고조선사 무대에서는 잘 보이지 않는다.

::: 2005년, 성삼제

2005년 성삼제의 『고조선 사라진 역사』가 출간되었다. 이 책은 비전문가가 쓴 대고조선론 연구서로 학문적으로 수용할 수 있는 유일한, 그리고 탁월한 재야 연구서이다. 더불어 상당한 대중적 관심을 불러일으켰던 책이다. 이 책은 두 가지 점에서 특별하다. 하나는 저자인 성삼제가 교육부 고급관리였다는 것이다. 정치적으로 학문적으로 예민한 위치에 있는 관료가 이런 책을 썼다는 것은 다양하고 복잡한 의미를 갖는다. 그 사안만으로 차후 연구대상이다.

다른 하나는 이 책이 비전문가가 학술적인 문제를 다룰 때 어떻게 해야 하는가에 대한 모범적 사례를 보여주었다는 것이다. 통상 재야 사학자라 불리는 사람들은 항상 학문적 엄밀성에서 문제를 드러내 왔다. 그런 가운데 재야사학도 학문적으로 완전한 연구를 할 수 있다는 가능성을 실증했던 것이다. 그럼에도 이후 성삼제만 한 재야사학자가 등장하지 못한 것은 안타까운 일이다. 대고조선론 소고조선론 양자에 걸쳐 똑같다. 이것은 논쟁의 문제가 아니라 한국 사회 대중문화의 위상을 보여주는 것이다. 민주주의가 대중의 성숙을 전제한다 했을 때 이러한 위상은 안타깝지 않을 수 없다.

성삼제는 이 책 이후 더 이상의 연구를 진행하지 않았다.

이상 해방 후 1980년대에서 2010년 전후까지 고조선 논쟁사 요약이었다.

::: 신채호

앞서 말한 대로 여기서 일제강점기 대고조선론을 살펴본다. 먼저 대고조선론을 창시했다 할 수 있는 세기의 천재 신채호를 약술한다.

신채호에 대한 학자들의 전형적인 이야기들이 있다. 민족주의자니 무정부주의자니 민족을 우선했느니 민중을 우선했느니 하는 이야기들이다. 그 중에서도 대부분 사람들에게 공통된 것은 '신채호의 역사학은 뜻은 높으나 학문적으로 미흡하다'는 것이다. 나는 이런 이야기들이 많이 틀렸을 뿐만 아니라 의도가 불순하다고 분개한 적이 있다. 전작에서 그렇게 했다. 하지만 여기에서는 그런 이야기를 할 생각이 없다. 쉽지 않더라도 독자들이 신채호를 느낄 수 있는 이야기를 하고자 한다.

한국인이면 누구나 신채호라는 이름을 알지만 그가 무엇을 했는지 아는 사람은 거의 없다. 하물며 그의 역사학 논문을 읽는 사람은 참으로 드물다. 그러니까 신채호는 누구나 아는 사람이지만 사실은 아무도 모르는 사람인 것이다. 그러므로 두 가지만 강조하기로 한다. 하나는 신채호의 학문적 천재성이고, 다른 하나는 신채호의 생생한 삶이다.

먼저 신채호의 학문이다. 신채호는 대고조선론의 창시자라고 했다. 그럼 그의 학문적 역량과 연구 업적은 얼마나 되는가? 이를 알기 위해서는 그의 논문을 읽는 것이 가장 좋은 방법이지만 특별한 관심을 가지지 않는 한 일상을 살아가는 대중으로서는 불가능한 일이므로 간접적으로 접근해보자. 우선 그의 구체적인 논문 제목을 몇 가지 나열해보겠다.

「고사상 이두문의 명사 해석법」, 「'삼국사기'에서 동서 양자가 서로 바뀐 것의 고증」, 「평양패수고」

대부분의 사람들이 들어 본 적도 없겠지만 비록 제목뿐일지라도 100년 전의 학자로서는 비상하게 현대적이고 구체적이라는 느낌은 줄 수 있으리라 생각한다. 여기에 신채호가 어떻게 훈련된 학자인가를 덧붙여 생각해보기로 하자. 신채호는 이미 10대에 한학의 신동으로 이름을 날렸다. 그는 성균관의 마지막 학생이기도 했는데 이런 이력을 감안하면 그의 한학 실력을 능히 짐작할 수 있다. 한학에 관한 한 그는 당대 최고의 실력자 중 하나였던 것이다. 이런 신채호가 접근 가능한 역사서들을 모조리 뒤지고 분석해서 나온 논문이 위의 논문들이다.

한편 신채호는 당시 성균관에서 가장 먼저 단발을 한 사람이다. 신지식과 변화된 세계정세를 최선두에서 흡수하고 이해한 사람이라는 뜻이다. 그는 최고의 유학자이면서도 유학이 가지는 편협성을 무자비할 정도로 철저히 깨부순 선각자이다. 서서 세수를 할 만큼 꼿꼿하고 절개와 명분이 선명하기로는 주변의 모든 사람이 혀를 내두를 정도로 단호한 유학자였지만 고리타분한 유학적 사고와 행태에 대해서는 지극히 냉소적이고 비판적이었다. 따라서 그가 습득한 신학문의 수준 역시 당대 최고에 속한다. 한 번 읽은 책을 모두 외운다는 전설이 있을 만큼 그의 학구열과 지식 습득력은 놀라운 것이었고, 이를 통한 그의 현대적 감각은 누구에게도 뒤지지 않는다. 위의 논문들은 이런 지식과 논리 속에서 다듬어진 것이기도 하다. 다시 말해 그의 논문들은 그 시기에 최고의 전문성과 현대성을 담보한 것이었다. 오늘날에도 한국 고대사학자들의 첫 번째 임무가 한문으로 된 사서를 분석하는 것인데 그 깊이와 폭으로 치자면 신채호의 옆에 서기도 어렵다.

이런 신채호의 위력을 실감할 수 있는 또 하나의 방법은 동시대 일본 관변사학자들과 비교하는 것이다. 만일 신채호와 그 당시 일본 관변 사학자들이 마주 앉아 논쟁을 했다면 어땠을까? 신채호는 「고사상 이두문의 명사 해석법」에서 이런 말을 했다(내용이 전문적이니 익숙하지 않은 독자는 분위기만 파악하면 된다).

일본인 관야정일의 '조선고적도보' 해설편의 점선비 주에서 그 비의 발견에 의하여 지금까지 논쟁거리가 되어 왔던 '열수'는 대동강인 것이 맞다고 하였는데 이는 반드시 〈한서〉 지리지의 "열수는 서쪽 땅 점선으로부터 바다에 들어간다"라고 한 말에 근거를 둔 것일 테지만, 그러나 이는 (1)열수가 여러 곳이라는 사실과, (2)한서의 주는 안사고 등에 의해 거짓말이 덧붙여져 있음을 모르고 한 말이다. (2)에 속한 논변은 저자가 쓴 「평양패수고」와 「전후삼한고」에 실려 있다.

이 인용문은 내용 자체도 엄청나게 중요하고 심오한 것으로 100년이 지난 지금까지도 생생하게 살아있는 논점이다. 하지만 그것은 제쳐 두기로 하고 여기서는 신채호가 일제 관변사학자 '관야정일'을 어떻게 바라보고 있는가를 느끼는 것이 중요하다. 보다시피 두 어수 아래의 학생을 대하는 태도다. 그렇다면 신채호의 이런 태도가 객관적으로도 타당할까? 타당하다. 당시 일제 관변사학자들이 신채호보다 더 가진 것이 있다면 고고학 정도이다. 그들은 이 고고학으로 온갖 횡포를 부렸지만(이 고고학은 신채호의 후배 정인보에 의해 분쇄된다) 정작 역사를 서술할 때는 신채호와 똑같이 사서 분석에 의존해야 했다. 이 경우 어느 일본 학자도 신채호를 능가한다고 말할 수 없다. 위에서 말한 그의 한학 실력과 신지식 습득수준을 돌아볼 때 일제 관변사학자 어느 누가 신채호를 능가한다 말할 수 있겠는가. 신채호는 자신이 무엇을 연구했는가를 알고 있었으며, 동시에 일제 관변사학자들이 무엇을 모르는가를 정확히 알고 있었다. 그 증거가 위의 인용문이다. 쉽게 말해 윤내현이 혼자서 주류 고대사학계 전체를 압도했듯 신채호는 혼자서도 일제 관변사학자 전체를 압도할 수 있는 사람이다. 물론 그는 100년 전 사람으로 당시의 한계에 갇혀 미숙한 부분이 있다. 그러나 같은 시기 일제 관변학자들의 한계에 비한다면 신채호는 훨씬 세련되고 객관적인 역사학자이다. 신채호를 민족주의적 이념에 경도된 역사학자라 말하지만 일본 제국주의에 광분한 일제 관변사학자들의 일그러진 경도에 비할 바가 아니다. 일본 관변사학자들과 신채호 중 누가 더 정확하고 객관적인 학자인가를 묻는다면 모든 측면에서 신채호가 앞선다.

그럼 신채호의 대고조선론은 오늘날의 시점에서 얼마나 유효한가? 100년 전 역사학의 미숙함이 문제가 되지 않는가? 답은 이렇다. '미숙하다, 그러나 핵심은 여전히 유효하다.' 이와 유사한 대표적 사례는 코페르니쿠스의 지동설과 다윈의 진화론이다. 코페르니쿠스를 현재의 시점에서 돌아보자면 그는 미숙함의 덩어리다. 예를 들어 그는 행성궤도가 원이 아닌 타원인 줄도 몰랐다. 다윈도 마찬가지다. 그는 형질이 유전된다고 했지만 그 당시로서는 무엇이 어떻게 유전되는지 전혀 알지 못했다. 그럼에도 코페르니쿠스와 다윈의 진화론을 미숙하다고 말하는 사람은 없다. 두 이론 모두 위대한 천재들이 통찰한 위대한 이론들일 뿐이다. 신채호의 대고조선론도 똑같다. 그를 미숙하다고 말하는 건 어리석을 뿐 아니라 부당하다. 현재 윤내현의 대고조선론을 감안할 때 그것의 원천이 되는 신채호의 대고조선론은 그저 위대한 이론일 뿐이다.

신채호의 영향력도 그의 학문적 위대성을 입증한다. 신채호를 이어받은 정인보의 대고조선론은 바탕 전반이 신채호의 이론이다. 신채호 없는 정인보는 애초 상상도 할 수 없다. 사료 탐색의 전설로 불리는 북한의 리지린도 마찬가지다. 신채호의 사전 연구가 없었다면 그는 필요한 자료를 어디서 찾아야 하는지 알 수 없었을 것이다. 윤내현은 이들 모두의 어깨를 딛고서야 자신이 전개해야 할 대고조선론의 지평을 찾을 수 있었다. 많은 위대한 과학이 그렇듯 대고조선론은 동북아시아의 엄청난 사료더미로부터 신채호라는 비상한 천재가 이끌어낸 놀라운 통찰인 것이다.

다음으로는 신채호의 삶이다. 신채호는 비타협적 성격으로 유명하다. 이것을 까칠하다고 불평하는 사람도 있었다. 사람이 유별나다는 것이다. 그러나 이런 평가는 오해를 불러온다. 신채호가 유별난 것은 성격이 까칠한 것과는 거리가 멀다.

신채호는 훈련된 지성이 사물과 사람을 투명하게 직시할 때 어떻게 드러나는가를 있는 그대로 보여준 사람이다. 그는 분열과 욕망과 변절의 일제강점기 독립운동 과정, 너무도 가난하고 잔인하고 고통스러운 그 과정 속에서 흔들리지 않는 상식을 시종일관 견지한 사람이다. 신채호의 유별남은 일제의 피비린내 나는 탄압 속에서 어지간한 사람은 도저히 유지할 수 없는 상식을 끝까지 유지했다는 것에 있지, 까칠한 성격 같은 것에 있는 게 아니다. 널리 알려진 두 가지 사례를 살펴보자.

신채호는 임시정부 창립 시기에 말 그대로 목숨을 걸고 이승만의 대통령 취임을 반대했다. 이승만이 일제로부터 독립한답시고 미국에 나라를 팔아먹으려 했다는 것이다. 사람들은 신채호를 말렸다. 이승만에게 그런 문제가 있다고 한들 단합해야 하는 시기에 그렇게 엄격하고 까칠해서는 안 된다는 것이었다. 그때는 일리가 있는 말처럼 들리기도 했다. 그러나 시간이 흐르자 신채호가 옳았다는 것이 확인되었다. 이승만은 온갖 부정을 저질렀으며 결국은 임시정부로부터 탄핵

되었다. 나아가 해방 이후 이승만의 행각까지 감안하면 신채호의 반 이승만 투쟁은 전율마저 느끼게 한다. 신채호는 이승만의 섬뜩한 본 질을 어떻게 처음부터 알았을까? 신채호는 세상일이란 아무리 다급 해도 바늘허리 매어 쓸 수 없다는 상식을 투철하게 일관했을 뿐이다. 아무리 임시정부의 단합이 중요하다 한들 일이 되려면 타협해야 할 대상이 따로 있는 법이다. 이 타협의 한계를 넘어서면 아무것도 되지 않는다. 욕심, 조급함, 자기도취 같은 함정에 빠지지 않으면 상식은 이 타협의 한계가 어디인가를 정확히 파악한다. 과학적 지성으로서 신 채호의 상식은 이승만과의 타협이 얼마나 비상식적인가를 투명하게 파악했다. 단지 그뿐이다.

신채호의 「조선혁명선언」은 신채호의 역사연구 다음으로 유명하다. 이것은 영화에도 등장하여 종종 회자되는 의열단 선언문이기도 한 데, 신채호는 여기서 독립운동의 가장 중요한 수단 중 하나가 '폭력' 이라고 말했다. 그리고 얼마 후 무정부주의 조직에 가입하여 활동 초 기에 일경에게 체포되었다. 어떤 사람들은 이런 신채호를 폭력을 선 호한다며 비판하기도 한다. 하지만 이는 어처구니없는 말이다. 왜냐 하면 그런 사람들은 김구 임시정부 하 윤봉길과 이봉창의 의거를 폭 력적이라고 생각하지 않으며, 나아가 그런 의거가 신채호의 「조선혁 명선언」에 직결된 것임을 고려하지 않기 때문이다. 신채호의 「조선혁 명선언」과 무정부 활동은 폭력철학 따위가 아니다. 그것은 단지 상식 이다. 왜 그런가?

1920년대 후반 일본 제국주의의 팽창과 일제의 가중된 탄압 속에서 독립운동 세력은 쇠퇴와 분열로 폐허가 되다시피 했다. 이런 시기에 가능한 유일한 투쟁은 의열 투쟁, 곧 일제의 요인이나 요지를 척살 타격하는 방법밖에 없다. 외교니 교육이니 다 좋은 말이지만 그것도 상황이 어지간해야 하는 일이지 독립운동의 폐허 위에서는 아무 의미도 없는 것이다. 그리고 이 전술은 김구의 임시정부에서 뼈가 시리도록 정확하게 적중했다. 김구 역시 폐허의 임시정부를 맡았던 것인데, 이 임시정부가 살아난 것은 오로지 윤봉길의 의열투쟁 때문이었다. 이 놀라운 의거로 인해 임시정부의 위상을 되살리고, 이를 통해 장개석 정부와 연대가 가능했으며, 또 이를 통해 임시정부하 광복군의 조직이 가능했다. 다시 말해 신채호가 말한 '폭력'이 아니었으면 김구의 임시정부는 존재할 수 없었다 해도 과언이 아니다.

이건 대단한 논리가 아니다. 군사독재 시절에 학생들이 촛불을 드는 것이 아니라 돌멩이를 던질 수밖에 없었던 것처럼 1920년대 후반 이후에는 의열 투쟁을 했어야 하는 거다. 그러나 대부분의 독립운동가들은 너무도 혹독한 패배와 분열 속에서 이 상식을 유지하기 어려웠다. 반면 과학적 상식으로서 신채호의 정신은 이 단순한 현실을 투명하게 직시했다. 그러기에 학자로서 교육부장관이나 해야 할 신채호가 결국은 몸소 투쟁에 나서다 붙잡혀 옥사한 것이다. 아마도 그는 자신이 실패할 것을 알았을 것이며 아마도 제대로 된 방식으로 죽음을 맞이하러 그런 일을 했을 것이다. 그는 독립운동가라는 실존이 어떻게 옥살이를 하고 어떻게 죽어야 하는가의 상식도 보여주었다. 혹독한 여순 감옥 시절에 그의 의연한 언행은 지금도 전설로 남아있다. 그러나 그것은 특별한 인간의 특별한 행동이기보다는 상식의 실현에 더 가깝다. 신채호는 '독립운동가라는 사람은 이렇게 살고 이렇게 죽는다'는 상식을 마지막 숨결 하나에 이르기까지 유지한 것이다.

신채호의 과학과 상식을 강조하는 이유는 고조선 논쟁을 대하는 방식과 관계가 있기 때문이다. 신채호는 뜨거운 민족주의자였지만 근거 없이 민족적 우월성을 주장하는 논리에 대해서는 가차 없이 비판했다. 역사를 다루면서 말장난을 일삼거나 근거 없는 왜곡을 일삼는 자들도 가차 없이 경멸했다. 고조선 논쟁도 마찬가지다. 오늘을 사는 우리들이지만 상식의 요청은 여전하다. 우리 같은 대중이 신채호처럼 혹독한 여건에서 상식을 유지하는 건 불가능하다. 그것은 신채호처럼 평생 동안 훈련된 사람에게나 가능한 것이다. 그러나 상식을 유지할 수 있는 여건임에도 그러지 못한다면 이는 부당함을 너머 재앙이 된다. 왜냐하면 우리 대중은 그저 일상을 잘 살고 싶은 것이며, 그러려면 맑은 상식이 절대로 필요하기 때문이다. 고조선 논쟁도 이 투명한 상식을 잃으면 우리를 사기와 함정에 빠뜨린다. 그러므로 우리는 우리에게 가능한 상식으로 무장한 후 두 눈을 똑바로 뜨고 있어야 한다. 그래야 우리 스스로를 보호할 수 있다.

::: 정인보

정인보는 신채호보다 13살 연하로 신채호의 영향 속에서 고조선사를 연구했다. 일제강점기인 1935년 동아일보에 연재했던 '오천년간 조선의 얼'이 해방 후 『조선사연구』라는 단행본으로 묶여 출간되었다. 최근 우리역사연구재단에서 출간한 것으로는 상, 하권 도합 1500페이지 이상에 이른다. 이것이 한국 대고조선론의 맥을 있는 정인보의 대작이다.

정인보는 대단한 한학자였다. 그의 학풍과 학맥 자체가 근대 한국 유학사의 연구대상이다. 정인보를 칭송하는 사람은 그를 '나라의 보배'라고 하는데 적어도 그의 학문과 문장에 한정한다면 나도 동의한다(다른 부분은 내가 몰라서 뭐라 할 수 없다). 이조 5백년 유학의 나라에서 근대의 끝자락에 마지막 남은 유학의 학풍을 유감없이 보여주었기 때문에 지금도 찬연한 석가탑처럼 국보의 이미지를 휘날리고 있다.

앞서 말했듯 정인보의 『조선사연구』는 신채호의 이론을 바탕에 깔고 있다. 신채호와 차이점 중 하나는 신채호가 칼날 같은 단편 논문들을 남긴 반면 정인보는 이것을 일관된 체계로 서술했다는 것이다. 이렇게 되면 한학자 특유의 공포스러울 만큼 치밀하고 집요한 논증이 이어지고 문체와 문장의 미학이 유장하게 피어난다. 현대를 사는 우리에게는 낯설고 어렵지만 관심 있는 독자들에게는 비교할 수 없는 향기와 고상함을 선사한다.

『조선사연구』에는 여러 특징이 있지만 가장 주목해야 할 것은 '낙랑 유물' 비판이다. 이것은 신채호에게 없던 것으로 당시 일제 관변사학이 독점하여 전횡을 일삼던 고고학 자료에 대한 정면도전이다. 이로부터 시작된 낙랑 유물 비판은 현대에 이르러 빈틈없이 완결되었다. 뒤에서 상술하겠지만 낙랑 유물은 더 이상 낙랑군이 한반도 안에 있었다는 증거가 되지 못한다. 주류 고대사학계는 지금도 줄기차게 낙랑 유물에 매달리고 있지만 이는 비참할 정도로 가소로운 몸부림이다. 사정을 아는 사람에게 낙랑 유물은 웃음거리도 안 된다.

정인보의 연구도 과거의 것이라 미숙한 부분이 있다. 주류 고대사학계는 이를 핑계 삼아 정인보를 거의 언급도 하지 않는다. 하지만 이역시 어처구니없는 처사다. 이를 쉽게 확인할 수 있는 방법은 정인보를 이병도와 비교하는 것이다. 이병도는 정인보보다 3살 연하로 같은 시대를 살았는데 그 방향은 정반대였다. 정인보는 민족주의 사학자로, 이병도는 조선사편수회 산하 식민사학의 하수인으로 살았다. 그런데 주류 고대사학계는 정인보는 구닥다리라 무시하면서 이병도는 실증사학의 아버지라며 지금도 떠받들고 있다. 그러나 과연 이병도가 정인보의 상대가 될 수 있을까?

둘이 마주 앉아 논쟁을 한다고 상상해보라. 정인보는 한학의 대가인 만큼 역사서를 해석하고 분석하는 데 있어 이병도가 정인보의 상대가 될 수 없다. 그러면 이병도는 일본 관변사학자들이 휘두르는 낙랑 유물로 도망치려 할 것이다. 하지만 그럴 줄 알고 정인보가 미리 해 치운 것이 그 낙랑 유물이다. 정인보처럼 치밀하고 꼬장꼬장한 학자에게 한 치의 헛소리나 변명이 용납될 수 없다. 한 마디로 정인보와 이병도가 공정하게 마주 앉는다면 이병도는 뼈도 못 추린다. 이것이 정인보의 『조선사연구』와 이병도의 『한국고대사연구』의 실상이다. 굳이 구식이라 하자면 정인보나 이병도나 구식이 될 터지만 수준의 차이라는 게 있는 거다. 신채호가 동시대의 일제 관변 사학자를 압도한 것처럼 정인보도 동시대 식민사학의 하수인 이병도를 압도했다. 윤내현이 현대 주류고대사학계를 압도한 것까지 포함한다면 학문적 차원에서 대고조선론은 소고조선론을 언제나 압도한 셈이다. 일제강점기 일본제국주의의 권력, 현대 주류 고대사학계의 학계 내외부의 권력, 이와 같은 학문외적 권력이 아니면 소고조선론은 처음부터 학문적 쓰레기에 불과하다.

제3장

고조선 논쟁 관련 주요 사건들

1981년, 국사 교과서에 대한 공청회-깡패와 더 큰 깡패

1995년, 이형구의 논문-윤내현 학살극

2016년, 동북아역사재단의 EKP 지원 중단, 마크 바잉턴 한국 고대사 연구 중단

2016년, 동북아역사재단, '동북아역사지도' 출판 불가 판정

고조선 논쟁과 한국 민주주의

해방 후 현재까지 고조선 논쟁과 관련된 주요 사건들을 살펴본다. 학문적 내용과 거리가 있지만 고조선 논쟁사를 이해하기 위해서는 꼭 필요하다. 이런 얘기를 처음 듣는 독자는 다소 놀랄 수도 있다. 사건들이 치열하고 살벌하며 지저분한 경우가 많기 때문이다. 하지만 이걸 모르면 고조선 논쟁사를 제대로 이해하기 어렵다. 여기서는 오랫동안 자주 거론되고 의미가 큰 사건들을 중심으로 간결하게 요약하기로 한다.

::: 1981년, 국사 교과서에 대한 공청회-깡패와 더 큰 깡패

1981년 11월 안호상 등 재야사학계 대표와 김철준 등 주류 고대사학계의 국회 공청회가 열렸다. 이것은 재야사학계의 거칠고 강력한 공격이었다. 이에 앞서 1978년 9월에 재야사학계는 국사 교과서 내용을 수정하라는 행정소송을 제기하여 세상을 놀라게 했다. 주류 고대사학계는 이때의 공청회를 잊을 수 없는 악몽으로 되새긴다. 그들의 말에 따르면 당시 자신들을 공격한 재야사학계는 사이비역사학자들의 집합이자 파시스트 집단이었다. 또 당시 공청회에 참가했던 국회의원들은 재야사학계 편을 들어 자신들에게 모욕을 주었다고 한다.

국회의원들이야 원래 날카로운 정치인들이니 주류 고대사학계의 불평이 얼마나 맞는지는 잘 모르겠다. 그러나 당시의 재야사학자들이 사이비역사학자에 파시스트인 건 맞다. 이들 중에는 위의 안호상을 비롯하여 이유립, 임승국, 박창범, 문정창 등이 있었는데, 이들의 전적을 돌아보면 입이 벌어진다. 이승만 독재 부역자, 친일파, 박정희 군사독재 부역자가 그들이다. 또 이들이 주장하는 이론은 아예 이론이라 할 수도 없는 것이다. 환단고기도 이때 등장했던 것인데 그들의 주장 자체가 환단고기 신봉자들의 원형이다. 이들이 언제부터 있었고, 어떤 과정으로 부침했는가는 또 하나의 연구주제이다. 다만 이 시기 그들의 공세가 전면화 되었던 것이며, 안락을 누리던 주류 고대사학계는 처음으로 된서리를 맞았고, 이것이 이후 영원한 공포의 대상이자 트라우마가 되었다는 사실이 중요하다.

그러나 사이비역사학자이자 파시스트라는 측면에서는 주류 고대사
학계도 마찬가지다. 이들은 당시의 재야사학계를 비판하지만 자신들
도 그 못지않은 군상이라는 건 절대 말하지 않는다. 예를 들어보자.

- 김용섭 교수의 회고록『역사의 오솔길을 가면서』에 아는 사람들
  사이에는 유명한 사건들이 기록되어 있다. 주류 고대사학계 학자
  들이 60~70년대에 김용섭 교수에게 보여준 모습들은 문자 그대
  로 사이비 식민사학자에 파시스트의 모습이었다.
- 앞서 윤내현이 82년에 등장했다고 했다. 그가 첫 번째 발표를 할
  때 주류 고대사학계의 악명 높은 인사 중 하나인 김철준이 책상을
  두드리며 윤내현을 짓밟은 사건 역시 아는 사람들은 누구나 아는
  사실이다. 자기들은 당시 재야사학계 인사들에게 당했다고 펄펄
  뛰면서 만만한 윤내현에게는 그보다 몇 배 더한 일을 했던 것이다.
- 앞에서 서영수가 논문을 어떻게 쓰고 토론회 사회에 나가 무슨
  짓을 했는지 말했다. 그게 사이비역사학자이자 파시스트가 아니
  면 무엇인가
- 또 앞서『역사비평』에 무더기로 몰려나온 주류 고대사학계 신진
  학자들을 말했었다. 그들은 자신들을 괴롭히는 이덕일과 재야사
  학자들을 사이비역사학자에 파시스트들이라고 비난하지만 사실
  은 4호 연속 수십 개의 성토논문을 1년 내내 쏟아내는 이들이야

말로 파시스트의 전형이다. 도대체 누가 무슨 짓을 했기에 수십 명의 젊은 학자라는 자들이 1년 넘게 『역사비평』이라는 계간지를 장악하고, 단 한 편의 반대 논문도 용납하지 않은 채 마치 나치스 학자들처럼 일사불란하게 움직이는가. 우익 태극기 집회라도 되는 양 이렇게 떼거리로 악다구니를 부리는 이들이야말로 사이비 역사학자에 진짜 파시스트 아닌가.

이것 말고도 얼마든지 있다. 더 정확히 말하자면 주류 고대사학계의 모든 언행이 다 사이비에 파시즘이다. 이에 대해서는 이미 앞에서도 말했고, 뒤에서도 계속 말할 것이다. 그렇다면 1981년 국사 교과서 공청회를 무엇이라 보아야 할까? 주류 고대사학계라는 깡패들이 당시 특정 재야사학계라는 더 큰 깡패에게 멱살을 잡힌 사건이라 보아야 한다. 앞서 말했듯 이 사건은 여러 측면에서 연구될 필요가 있다. 그러나 불변하는 본질 하나는 깡패들이 더 큰 깡패들에게 혼쭐이 난 사건이라는 것이다.

::: 1995년, 이형구의 논문-윤내현 학살극

1995년 6월 『역사학보』 146집에 이형구의 논문 「리지린과 윤내현의 '고조선 연구' 비교」가 발표되었다. 윤내현이 리지린의 저작을 각주 없이 인용한 표절자라고 고발하는 논문이다. 나는 이 논문에 너무도 충격을 받았기 때문에 전작들에서 이 사건에 대해 지겹도록 장황하게 서술했다. 여기서는 핵심만 요약하겠다.

첫째, 이형구의 이 논문은 완전한 엉터리에 완전한 헛소리다. 그럼에도 윤내현에 대한 전 사회적 마타도어를 유행시키는 데 성공했다.

둘째, 이런 논문이 발표되었다는 것은 윤내현이란 학자를 백주 대낮에 학살하려는 시도와 다름없다. 버젓한 학술지에 한 명의 학자를 거짓으로 유린하는 논문을 게재하는 것은 유명 정치인에 대한 조작된 비리를 유명 일간지 전면에 도배하는 것보다 잔인하고 끔찍한 일이다.

셋째, 이 논문을 발표한 『역사학보』는 대한민국 최고의 역사 학술지로 이병도 사단을 포함한 주류 고대사학계가 핵심이 되어 창설한 '역사학회'의 기관지이다. 따라서 이형구의 논문이 게재된 이 잡지와 주류 고대사학계의 본질이 명확해졌다. 겉으로는 한국 최고의 역사 잡지를 표방하지만 3류 황색잡지에서나 볼 수 있는 일을 자행한 이들

집단은 조폭 집단을 방불한다.

넷째, 뒤에서 상술하겠지만 이형구라는 인물 혼자서는 이 일을 할 수 없다. 이형구는 고대사학계의 주변부 인물로 그들의 하수인에 불과하다. 따라서 주류 고대사학계 전체가 추동 묵인 허가하지 않았다면 이 논문은 발표는 고사하고 탄생할 수도 없었을 것이다. 주류 고대사학계가 사이비에 파시스트라고 위에서 말했지만, 이 사건은 그들이 얼마나 음험하고 무자비한가를 가장 명확하게 드러낸 것이다.

다섯째, 이 사건에 대해서 어떤 역사학자도 이의를 제기한 적이 없다. 이것은 한국 역사학계의 수준과 도덕성을 단적으로 보여주는 것이다.

여섯째, 이형구와 주류 고대사학계는 그때가 언제든 이 사건에 대한 책임을 지고 응징을 받아야 한다. 이것은 한국 사회의 민주주의가 얼마나 발전하였는가에 대한 지표로 남을 것이다. 이런 일을 하고도 온전할 수 있다는 것은 그 사회의 민주주의가 아직 요원하다는 뜻이기 때문이다.

이 사건은 윤내현을 빨갱이로 매도 고발하는 음해와 맥을 같이 하는 것이다. 더불어 1994년 그의 대표작 『고조선 연구』에 대한 더러운 대응이기도 하다. 이에 대해 윤내현은 어떻게 반응했는가. 그는 아무런 대응도 하지 않았다. 다만 연구에 몰두했으며 그 침묵 속에서 결국 단군학회 회장이 되고, 평양에서 남북학자 공동학술회의까지 개최하였다. 신채호처럼 윤내현도 보통사람이 아니다.

::: 2016년, 동북아역사재단의 EKP 지원 중단, 마크 바잉턴 한국 고대사 연구 중단

이 이야기는 대부분 독자들에 낯설고 사소해 보이지만 매우 중요하다. 이것은 한국 사회의 암세포 중 하나다. 독자들의 주의를 요한다.

2016년 12월 24일, 중앙일보에 '미국의 유명 한국 고대사 교수가 중국 고대사로 전공을 바꾸는 이유는?'라는 제목의 기사가 떴다. 마크 바잉턴이란 미국 교수 인터뷰 기사인데 내용 중 다음과 같은 이야기가 있다.

바잉턴 교수는 2013년 『한국고대사에서의 한(漢)군현』을 발간했다. 그는 이 책에서 낙랑군의 위치가 현재의 평양이었다고 썼다. 그러자 재야사학계는 EKP가 중국의 동북공정을 대변하는 사업이라고 공격했다. 이들은 국회와 감사원을 동원해 EKP에 대한 지원을 '세금낭비'로 몰아버렸다는 게 바잉턴 교수의 주장이다. 결국 한국교류재단과 동북아역사재단은 EKP와의 계약을 연장하지 않았다. 올해로 EKP에 대한 지원이 종료된다.

무슨 내용인지는 잘 몰라도 보다시피 이 기사는 바잉턴 교수와 동북아역사재단에 불리한 기사가 아니다. 그럼 EKP란 대관절 무얼 말하는 걸까? EKP는 'Early Korea Project'의 약자로 통상 '한국 고대사 프로젝트'라 한다. 공식적으로 말하기는 하버드대학 한국학연구소라는 곳에서 2007년부터 진행하는 프로젝트인데 동북아역사재단이 지원하여 주로 한국 고대사 관련 책자를 발간했다. 마크 바잉턴은 바로 이 프로젝트의 연구책임자이다. 그런데 동북아역사재단이 2014년에 지원 중단을 선언하고 2016년에는 그간 지원 계약이 만료된 마크 바잉턴이 연구를 중단한다고 위의 기사에 보도된 것이다. 왜 이런 일이 발생했을까? 여러 기사나 자료를 요약하면 다음과 같다.

2014년 3월 이덕일 등이 중심이 되어 '식민사학해체국민운동본부'가 만들어졌다. '한국 고대사 프로젝트'에서 발간한 영문 책자 중 위 기사에 나오는 『한국고대사에서의 한(漢)군현』을 발견한 것이 계기라 한다. 이 단체는 곧바로 동북아역사재단에 대한 공익감사를 청구했다. 감사원은 동북아역사재단이 연구지원 심사에 문제가 있다고 지적했으나 이덕일 등이 주장한 식민사학 문제 등은 학계가 논의할 문제라고 말했다. 이를 계기로 언론에서 동북아역사재단에 대한 비판 기사가 실리고 국회에서도 의구심을 제기하자 동북아역사재단이 프로젝트 지원을 중단해버린 것이다.

말했다시피 동북아역사재단은 주류 고대사학계가 장악하고 있다. 중국 동북공정이나 식민사학에 대항하기는커녕 중국의 학문적 식민지가 되기 바쁜 자들이며, 재단으로 들어가는 돈은 그들의 배나 살찌우는 것이라 했다. 그런데 이런 그들의 작업이 실제적으로 중단된 사건이 발생한 것이다. 이것은 주류 고대사학계로서는 처음 당하는 일이다. 욕을 먹고 비판을 당했을지언정 수억 원대 회심의 작업이 구체적이고 명백하게 중단된 적은 없었다. 이것은 일시적이지만 주류 고대사학계의 진정한 패배이다.

동북아역사재단 속에 또아리를 튼 주류 고대사학계는 이 사업(책 저자로 여기에 관여한 대여섯 명의 연구자는 송호정을 포함해 거의 전원이 노태돈 사단이다)을 통해 무얼 하려 했을까? 자신들의 소고 조선론을 중심으로 그로부터 틀 지워진 고대사를 영문으로 번역하고 하버드대학이라는 이름을 빌려 세계 학계에 공식화시키려 했다. 또 이를 통해 한국 내 자신들의 불안한 입지를 영구화하려 했다. 외국 학계, 그것도 하버드대학에서 그곳 교수의 이름으로 나온 책이라면 선전효과가 강력하다. 만일 한국의 대중이 어눌하다면 하버드란 이름만으로 모두를 속일 수 있을 것이다. 더구나 고대사학은 대중이 전혀 모르는 것이니까 더욱 수월하다. 동북아역사재단의 주류 고대사학자들이야 그런 게 아니고 한국의 고대사를 세상에 널리 알리려 했다 하겠지만 그 말을 믿느니 차라리 부패한 정치가가 떠드는 결백의 맹세를 믿는 게 낫다.

그럼 마크 바잉턴이나 하버드대학 한국학연구소니 하는 건 누구이고 무엇인가? 이들에 대한 정보는 별로 없다. 하지만 위 중앙일보 기사에 명백한 사실이 몇 가지 있다. 다음을 보자. 인터뷰 중 마크 바잉턴의 말이다.

"EKP의 종료 말고는 달리 선택할 게 없었다. 여러 가지 이유 때문에 하버드대학 한국학연구소는 더 이상 EKP를 지원할 수 없게 됐다. 재정적 지원이 재개된다고 하더라도 하버드대학에서 EKP를 더 이상 진행할 수 없을 것 같다. 이제 내 손을 떠났다. 내가 EKP를 2006년 설립했을 때 하버드대학은 한국학 연구에 대해 큰 관심이 없었다. 한국학연구소와 한국 측의 도움이 없었다면 EKP를 시작할 수 없었을 것이다. 2014년까지 EKP는 아주 성공적으로 진행됐다. 그러나 한국의 '사이비역사(pseudohistory)' 집단이 일부 정치인의 도움을 받아 국회에 압력을 넣어 EKP의 재정적 지원을 끊었다. 더 이상 미국에서 한국 고대사를 공부하기 힘들게 됐다. 현재 미국에서 중국 고대사에 대한 연구가 활발하며 지원도 많다. 나는 중국 고대사와 고고학도 공부했다. 그래서 그 분야로 옮길 것이다. 이미 하버드 대학에서 행정적 절차를 밟고 있다. 다시 지원을 받을 수 있다면 한국 고대사를 연구할 수 있을 것이다. 그러나 상당한 시간이 걸릴 것이다. EKP에 대한 지원을 끊은 결정은 매우 근시안적인 것이다."

마크 바잉턴이 사이비역사 집단이라 부르는 자들과 일부 정치인을 강도 높게 비판하는 건 충분히 이해가 간다. 그리고 정말로 사이비역사 집단이라 불리는 그들로 인해 사업이 중단되었다는 사실을 알려준다. 하지만 정작 중요한 내용은 다른 데 있다.

마크 바잉턴 말에 의하면 EKP는 2006년에 마크 바잉턴에 의해 설립되었는데 그러자마자 2007년에 지원이란 이름으로 동북아역사재단의 돈이 들어가기 시작했다. 그리고 동북아역사재단이 2014년 사업 중단을 선언하고 2016년 계약이 끝나 재정적 지원이 완전히 중지되자 마크 바잉턴은 한국학 연구에서 손을 뗀다. 대신 지원이 많은 중국 고대사를 연구하겠다고 한다. 나는 이 상황을 이렇게 해석한다. 미국의 어느 3류 학자를 주류 고대사학계가 돈으로 꼬드겨 하버드대학이라는 상표를 빙자해 사기를 치려했다는 것이다. 그게 아니라면 학문을 한다는 학자가 어찌 저 모양이라는 말일까. 마크 바잉턴은 돈을 받으면 일본 고대사인들 연구하지 않겠는가?

한편 마크 바잉턴의 학문적 역량은 어떻게 판단해야 할까? 만일 마크 바잉턴에게 중요한 연구업적이나 활동이 있었다면 대대적으로 광고했을 것이다. 하지만 그런 건 없다. 그렇다면 이 사람은 앞서 의심한 대로 3류 학자일 가능성이 더 높아진다. 예를 들어 한국에 오는 미국인 영어강사들 중에는 이른바 놈팡이들이 간혹 있다. 미국 사람들이 나빠서가 아니라 여건이 그러하므로 혹간 놈팡이들이 생길 수밖에 없는 직업인 것이다. 마찬가지로 내가 마크 바잉턴은 한국 주류 고대사학계처럼 황당한 여건을 이용하여 싸구려 학문이나 팔아먹고 사는 놈팡이라 의심하는 게 과한가? 나는 그렇지 않다고 생각한다. 비록 짧은 인터뷰지만 한국 주류 고대사학계의 행태와 연관 짓는다면 나는 내 의심이 거의 확실하다고 본다.

앞서 고조선 논쟁사를 약술할 때 2006년 오강원의 저작이 발표되면서 일단락을 지었다고 했다. 그때 이후 이들은 동북아역사재단에 떼거리로 숨어들어가 아무도 모르게 이따위 사업이나 획책하기 시작했다. 그것도 국민의 혈세를 훔쳐서. 하라는 연구는 안 하고 하버드의 놈팡이를 데려다 자신들을 하버드 이름으로 포장하고, 세계 학계 구석에 소고조선론을 심어 역으로 자신들의 이론이 국제적으로 인정된다고 선전하면서 대중과 국민을 우롱하려 했다. 정말로 세상에 한국을 알리고 싶었는가? 그럼 왜 윤내현의 대고조선론은 소개하지 않는가? 자신이 있다면 둘 다 논문을 실어 발표하고, 그것을 외국의 학자들이 판단하게 하면 될 거 아닌가. 하지만 그럴 리가 없다. 대신 자신들은 숫자 많고 말 잘 듣는 일사불란한 집단임을 과시하며 젊은 학자들을 동원해서 계간지를 장악하고 태극기 시위나 한다. 주류 고대사학계 소고조선론자들. 공부 안 하는 자들. 참 한심한 자들.

::: 2016년, 동북아역사재단, '동북아역사지도' 출판 불가 판정

앞의 이야기와 비슷하지만 규모와 질이 다르다. 아래는 2016년 6월 29일 동아일보의 '동북아역사지도, 8년 공부 도로아미타불'이라는 제목의 기사이다.

8년간 45억여 원의 세금을 들인 동북아역사지도가 '출판 불가' 판정을 받았다.

동북아역사재단은 "서강대-연세대 산학협력단이 제출한 지도를 심사한 결과 최하위 등급인 'D'등급을 받았다"고 28일 밝혔다. 재단 관계자는 "지도학적 기준을 충족하지 못해 출판할 수 없다고 결정한 것"이라고 설명했다.

그게 뭐든 동북아역사지도라는 것을 8년 동안 45억 원이나 들여 만들었는데, 출판 불가 판정을 받았다는 것이다. 이 지도를 만든 주체는 위 기사의 '서강대-연세대 산학협력단'과 더불어 '동북아역사지도 편찬위원회'이다. 지도의 내용을 담당한 곳은 당연히 후자다. '동북아역사지도 편찬위원회' 구성원은 약 60여 명의 전 현직 교수나 연구자들로 대부분 역사학자들이다. 그리고 이 안에는 노태돈, 송호정, 김태식이 앉아 있다. 그 밖의 내가 모르는 사람도 많지만 노태돈 사단이 다수 포진되어 있는 것은 분명하다. 그리고 공개된 지도들은 근본적으로 송호정의 고조선 인식이고, 김태식의 가야 인식이다. 다시 말해 이들이 자신들의 이론을 지도로 만들려고 8년간 45억 원의 혈세를 사용한 것이다. 그럼 왜 이들의 문제가 세간에 오르게 되었는가?

이건 좀 복잡하다. 국회의원, 국회가 구성한 특별위원회가 개입하고, 이덕일의 활약(?)까지 가세하는 등 이 과정 자체가 연구대상이다. 심지어 미 정부까지 연관되어 있다. 또 지도폐기를 앞두고 지도 제작자들이 법정소송까지 준비하는 완강한 저항이 있었다. 그리고도 고려할 것이 더 있다. 그러니 더 이상 자세한 이야기는 생략한다. 어쨌든 이 모든 것에도 불구하고 결국 2016년 6월에 이 지도는 폐기가 결정된 것이다. 그렇다고 지도 만들기가 중지된 것도 아니다. 동북아역사재단은 다른 방식으로 다시 만들 거라는데 실제로 어떤 지도가 나올지는 아무도 모른다.

이 지도의 문제점에 대해서는 다양한 이야기가 있는데, 이덕일이 지적한 한 가지 사실이 가장 인상적이다. 동북아역사재단의 이 지도가 중국학자 담기양, 곧 중국 동북공정의 첨병으로 철저한 국수주의자인 담기양의 지도를 상당수 베꼈다는 것이다. 그것은 중국 고대 영역을 최대로 부풀리고, 한국 고대 국가의 영역을 최소로 축소시킨 것이다.

나는 이덕일이 문제가 많다 생각하고 뒤에서 낱낱이 비판할 것이므로 그의 말을 잘 안 믿는다. 그러나 이 사실만은 안 믿을 수가 없다. 왜냐하면 그의 책 『매국의 역사』에 사진으로 나와 있기 때문이다. 가짜 사진을 올려놓은 게 아니면 더 이상 설명할 필요도 없다. 눈에 보이는 그대로일 뿐이다. 그럼 이게 왜 인상적인가? 왜 그들은 담기양의 지도를 베꼈는가?

그들이 담기양을 베낀 이유는 그들의 소고조선론으로는 지도를 만들 수 없기 때문이다. 나는 그들의 책을 다 읽어봤다. 그들의 소고조선론은 할 수 있는 한 한사군을 한반도로 우겨넣고 고조선을 축소시키려 했지만 이를 담보할 수 있는 학문적 바탕이 없다. 이것은 앞서 내내 말했다. 따라서 지도에 나와 있는 그 숱한 지명을 제대로 배치할 수가 없다. 그러니까 자기네 소고조선론과 가장 맞는 중국 동북공정의 지도를 옮겨 놓은 것이다.

사실 한국 고대사 지도를 그릴 수 있는 이론은 윤내현의 대고조선론뿐이다. 그 밖의 어떤 이론도 고대사 지도를 그릴 수 없다. 윤내현의 이론은 그만큼 치밀하게 시대와 지리를 고증했으며, 이것들을 모순 없이 통일했다.

반면 다른 이론에는 그런 게 없다. 환단고기 신봉자는 동화나 그리고 있고, 일부 사료만 뒤지는 여타 재야사학자들은 지형에 대한 이미지 자체가 없다. 주류 고대사학계의 소고조선론도 마찬가지다. 조잡한 사료조각과 고고학 자료들의 무질서한 범벅인 주류 고대사학계 소고조선론이 무슨 수로 지도를 그리겠는가.

그럼 그들은 왜 이런 일을 했는가? 이 점에서는 앞서 언급한 마크 바잉턴의 '한국 고대사 프로젝트'와 동일하다. 하라는 연구는 안 하고 영어로 지도를 그려서 해외에 내놓고 역으로 그걸 통해 한국에서 자신들의 입지를 강화하려는 것이다. 게다가 덩치가 커서 그들 인건비가 얼마나 되는지 모르지만 그들 60명이 먹고 노는 데 어지간히 도움이 되었으리라 생각한다.

이 사건에는 세 가지 의미가 있다.

첫째, 역사지도 폐기의 근본 원인은 주류 고대사학계의 과도한 교만과 망동에 있다는 것이다. 아무리 견제 없는 자기들 세상이라지만 이번 지도는 너무했다. 이것은 그들의 누적된 교만의 결과로서 감시가 없을 때 부패한 집단이 어디까지 타락할 수 있는가를 보여준 사례이다.

둘째, 이 사건은 마크 바잉턴의 '한국 고대사 프로젝트'처럼 그들이 실제로 행동을 중단한 실제적인 패배이며, 규모가 커서 그 타격이 훨씬 컸다는 것이다.

셋째, 이 사건으로 인해 그들이 전면 공격에 나섰으며, 동시에 몸체와 본색을 드러냈다는 것이다. 수십 명의 젊은 주류 고대사학자들이 『역사비평』에서 무더기로 태극기 시위를 하게 된 이유가 여기에 있다. 예를 들어 2014년 마크 바잉턴의 '한국 고대사 프로젝트' 중단 선언을 할 때까지도 이 정도는 아니었다. 2016년 패배는 그만큼 타격이 크고 위협이 되었다는 뜻이다.

물론 이들은 조금도 약화되지 않았다. 워낙 뿌리가 깊기 때문에 다시 살아날 가능성이 훨씬 높다. 다만 이런 사건들을 배경으로 윤내현 은퇴 이후 고조선 논쟁 2라운드가 시작되었다는 것이다. 이 싸움도 주류 고대사학계가 이길 가능성이 더 높다. 하지만 어쨌든 게임은 중단되지 않았다. 나중 일은 그 다음 문제다.

제4장

재야사학계
비판

이덕일

이문영

김종서, 심백강

고조선 논쟁과 한국 민주주의

강단의 사학계만이 아니라 재야사학계에서도 좋은 연구가 나올 수 있다. 또 나와야 한다. 지식이 전문가에게만 제한된 것이 아니라 일반 대중에게도 개방된다는 것은 중대한 의미를 갖는다. 그것은 민주와 복지의 원인이자 결과이다. 생산력이 발달하여 정보 통신의 교류가 극대화된 현대사회에서 그것은 가장 필요한 덕목일지도 모른다.

그러나 재야에서 좋은 고대사연구를 발견하기는 어렵다. 앞서 말했듯 2005년 성삼제의 『고조선 사라진 역사』 외에는 찾아 볼 수가 없다. 반면 해가 되는 경우는 많다. 건강한 상식과 지성을 훼손하고 대중을 혼돈에 빠뜨리며, 무엇보다 올바른 이론들을 가리거나 파손한다. 이에 재야사학계를 검토할 필요가 발생한다.

전작에서 재야사학계를 비판했지만 본격적이라 할 수는 없다. 그때는 문제의식이 깊지 않았다. 하지만 지금은 생각이 다르다. 재야사학계도 강단사학계만큼 중요하다. 가부를 분명히 하지 않으면 여기서도 강단학계 못지않은, 아니 그 이상의 폐해가 생겨난다.

::: 이덕일

이덕일은 유명한 역사학자이므로 그의 프로필은 생략한다. 전작에서 말했듯 한때 나는 그를 좋아했고 기대를 많이 했으나, 결국은 그를 버려야 한다고 주장했다. 그가 주류 고대사학계와 싸워 큰 성과를 내었고, 최근에는 절판된 윤내현의 책들을 재출간하는 중요한 일을 했다 해도 마찬가지다. 심지어 윤내현이 2015년 병환 중 세계일보와 인터뷰에서 김종서, 이도상, 이덕일 등을 박사학위 소지자라고며 기대를 표했다고 해도 나는 이들을 신뢰하지 않는다. 학자는 오로지 논문으로 말해야 하며, 그것이 합당하지 않으면 윤내현 아니라 그 누가 지지를 한다 해도 받아들일 수 없다.

이덕일을 재야사학자라 부르는 이유는 그가 제대로 된 연구를 제출한 적이 없기 때문이다. 그는 『고조선은 대륙의 지배자였다』, 『한국사 그들이 숨긴 진실』에서 그런대로 고조선에 대한 이야기를 많이 한 편이다. 그런데 이것이 그냥 의견인지 책임을 지는 학문적 연구인지가 분명하지가 않다. 그 외에 『우리 안의 식민사관』이나 『매국의 역사학』에 언급되는 고조선은 아무래도 연구라 말하기 어렵다. 아무리 훌륭한 현대사학자라 해도 고대사에 관해 제대로 된 논문을 제출하지 않는 한 그를 전문적인 고대사학자라 말할 수는 없는 것이다. 그래서 이덕일은 고대사에 관한 한 재야사학자이다.

이덕일의 가장 큰 문제는 그의 학문적 부실과 그것이 불러 온 대중적 재앙과 이것으로 인해 윤내현의 대고조선론에 끼친 더 큰 재앙이다. 우선 그의 학문적 부실에 대한 몇 가지 사례를 살펴본다. 가능한 한 간략히 할 것이나 이번에는 필요한 논증을 모두 생략할 수는 없다. 독자들의 주의를 요한다.

- 『태강지리지』에 "낙랑군 수성현에는 갈석산이 있는데 (만리)장성의 기점이다"라는 기사가 있다. 이것은 앞에서도 말했다. 노태돈이 자신의 논문에서 공을 들여 분석한 사료이다. 그런데 이 기사만 잘라 읽어보면 모든 것이 선명해 보인다. 갈석산은 지금 북경 인근에 있는 산이므로 이 기사로만 보자면 만리장성의 동단과 낙랑군이 바로 그 지점에 있다는 뜻이 된다. 이게 사실이면 고조선 논쟁은 더 이상 필요 없다. 낙랑군이 한반도가 아닌 북경 인근 갈석산 근처에 있다는데 무슨 말이 더 필요한가. 그러나 바로 이렇기 때문에 노태돈이 이 기사를 그토록 정교하게 다루었던 것이다. 이게 그렇게 끝날 리가 없다는 말이다. 이것이 어떻게 꼬이는가는 잠시 뒤에 말하자.

문제는 이덕일이다. 이덕일은 대중 강연에서 이 기사를 제시하며,

모든 문제가 해결된 듯 말하곤 했다. 이게 강연 중의 단순한 강조법이었으면 좋겠는데 그렇지가 않다. 이것을 본격적으로 논한 『한국사 그들이 숨긴 진실』에서도 사실상 똑같이 말했다. 중간에 다른 이야기들이 많지만 위 태강지리지 기사의 사실성에 대해서는 의심의 여지가 없다는 듯 말한다.

따라서 이덕일을 좋아하고 신뢰하는 대중들은 이해하기 쉬운 이 기사를 확신하고 또 다른 사람들에게 이야기한다.

그러나 노태돈은 2009년 이덕일의 『한국사 그들이 숨긴 진실』이 출간되기 19년 전 예의 논문 「고조선 중심지의 변천에 대한 연구」에서 이 기사를 건드렸다. 요지인즉 '이런 저런 문제로 태강지리지의 이 기사는 착오나 오류다'라는 것이다. 그리고 이런 노태돈의 논리는 이 기사에 한정해서는 절대로 깨지지 않는다. 말했듯 부분에 한정시켜 논리를 혼동시키는 것이 그들의 대표적인 방식이자 전술이기 때문이다. 이 혼돈은 윤내현의 이론만이 정리할 수 있으며 이에 대해서는 뒤에서 상술하겠다. 어쨌든 이런 상황이기 때문에 이덕일의 논리는 노태돈의 반론에서 헤어날 수가 없다. 기사 자체가 오류라는데 그 기사를 옳다고 전제하는 이덕일이 100권의 책을 쓰고 100날 동안 말을 한들 무슨 소용이 있겠는가. 그런데도 이덕일은 19년 전 노태돈의 이야기를 반론하지 않았다. 반론은커녕 언급조차 하지 않았다. 이덕일이 알고도 그랬는지 아예 노태돈의 그런 이야기가 있는지도 몰랐던 건지는 모르겠다. 어쨌든 이덕일은 위 태강지리지의 기사는 옳다고만 말하고, 그게 틀렸다는 노태돈의 이야기에 대해서는 한 마디가 없었다. 그럼 이제부터 재앙이 시작된다.

주류 고대사학계에는 젊은 대학원생이나 대학생들이 많다. 이들은 노태돈의 논리에 익숙하다. 이런 사람들이 이런 저런 지면에 글을 쓰거나 인터넷에 등장하여 이덕일의 논리를 박살낸다. 태강지리지가 어떤 책인 줄도 모르면서 이덕일이 헛소리를 하고 다닌다는 거다. 노태돈 등 주류 고대사학계 사람들은 이야기를 현학적으로 그럴 듯하게 전개하므로 고조선을 잘 모르는 대중에게 표피적인 설득력이 있다. 그런대로 이 논리를 수용한 대중은 고개를 끄덕이고 논리를 못 알아듣는 대중이라도 신뢰감을 가진다. 이 순간부터 이덕일을 따르던 모든 대중이 바보가 된다. 동시에 이 주류 고대사학계 선생님들에게는 답변도 못하는 엉터리 사학자 이덕일은 대중을 꼬드기는 사기꾼이고, 거기에 넘어가는 대중은 개념 없는 환빠로 전락한다. 이렇게 하여 인터넷을 포함한, 제법 합리적인 척하는 대중공간은 주류 고대사학계의 논리가 완전히 장악한다. 이게 첫 번째 재앙이다. 하지만 아직 반도 안 끝났다.

다음 재앙은 이덕일과 대중을 바보 취급하는 논리가 윤내현에게 그대로 적용된다. 앞서 말했듯 윤내현의 이론은 한 번도 제대로 비판된 적이 없다. 항상 이런 식으로만 매도된다. '이덕일은 헛소리를 하는데 윤내현도 같은 헛소리를 한다', '이덕일의 멍청함으로 미루어 보건데 윤내현도 멍청이다', '이덕일의 논리가 형편없이 허술한 것은 윤내현이 형편없이 허술한 것을 증명한다'는 것이다. 이렇게 해서 세기의 대고조선론은 뚜껑 한 번 열어보지도 못하고 폐기처분 된다. 이것이 이덕일의 두 번째 재앙이다.

이덕일이 또 모르는 것이 있다. 위 태강지리지 기사를 오류라고 말하는 사람은 노태돈만이 아니다. 이 기사가 틀렸다고 처음 말한 사람은 신채호이다(『조선상고 문화사』 505쪽, 비봉출판사, 박기봉 옮김). 이어서 정인보도 틀렸다 말했고(『조선사연구, 상』 395쪽, 우리역사연구재단, 문성재 역주), 나아가 리지린도 틀렸다고 말했다(『고조선 연구』 69쪽, 열사람). 그러니까 태강지리지 기사가 옳다고 말한 학자는 윤내현 하나뿐인 것이다. 이런 일이 발생한 이유는 앞의 세 학자의 시기에 따른 고조선 위치비정이 윤내현과 다르기 때문이다. 그의 제자 복기대와 더불어 이른바 요서 고조선론자로 불리는 윤내현은 앞의 세 학자를 넘어서 본질적으로 다른 대고조선론을 진개했다. 이것은 윤내현의 가장 큰 업적 중 하나이자 선배 학자들을 그토록 혼란스럽게 한 태강지리지 기사를 제자리에 돌려놓은 것이기도 하다. 노태돈의 언설은 기실 앞의 세 학자, 즉 신채호, 정인보, 리지린의 논리를 표절 혹은 최소한 컨닝한 것이다. 이 점은 전작에서도 말했는데, 고구려를 연구한 노태돈은 저 혼자 능력만으로는 태강지리지에 대해 그런 이야기를 할 수 있는 사람이 못 된다. 위 태강지리지 기사의 오류 문제는 이토록 사연이 깊다. 거기다 대고 이덕일은 뭔지도 모른 채 우겨대고 있으니 주류 고대사학자들은 웃음을 참느라 고생일 뿐이다.

만에 하나 일반 대중이 이덕일에게 이 상황을 질문했다면 어찌 될 것인가. 대고조선론을 말한답시고 신채호도, 정인보도, 리지린도 부정한 태강지리지 기사를 아무 근거 없이 혼자 옳다고 신이 난 이덕일을 뭘로 보게 될 것이냐는 말이다. 이게 세 번째 재앙이다. 그러나 아직도 끝나지 않았다.

2014년에 출간된 『우리 안의 식민사관』에서 이덕일은 다시 한 번 태강지리지 이야기를 꺼냈다(『우리 안의 식민사관』, 315~317쪽). 뭔가가 걸렸던지 주류 고대사학계의 식민사관 논법을 비판한다면서 노태돈을 거론했다. 노태돈의 '태강지리지 오류론'을 비판하는 것이었다. 그가 이 문제에 관해 노태돈을 언급한 것은 이게 처음일 것이다. 그럼 제대로 비판했는가? 제대로 했을 리가 없다. 이덕일은 그때까지도 내가 위에서 한 이야기를 모르고 있었다. 대체 이덕일은 왜 그러나? 잘 모르겠으면 윤내현의 『고조선 연구』를 읽어보면 될 거 아닌가. 그러기는커녕 노태돈이 무조건 사료를 폄하하는 것이라고 책에서 소리나 지르고 있다. 일반 대중은 이덕일의 말을 하나도 못 알아듣는다. 그냥 '노태돈은 나쁜 사람이니까 틀렸다는 뜻이구나'하고 만다. 이건 또 다시 대중을 함정에 빠뜨리는 것이다.

2015년 4월 17일 국회에서 국회의원들로 구성된 '동북아역사왜곡대책 특별위원회'의 '동북아역사지도 편찬사업 관련 논의'가 있었다. 이덕일은 이 논의에 참고인으로 참가했으며, 동북역사재단측에서는 서울대의 임기환 교수가 나왔다. 여기서 그 지긋지긋한 태강지리지 애기가 또 나왔다. 이것은 2015년에 출간된 이덕일의 책 『매국의 역사학』에 나오는 이야기다. 어째서 국회 논의 그 자리에서 태강지리지 얘기가 또 나왔는지는 잘 모르겠다. 이덕일이 책에서 서술한 것에 따르면 임기환은 25년 전 노태돈이 제시한 예의 시나리오를 다시 반복했다. 이덕일은 이 사실을 기록하고 『매국의 역사학』에서 임기환의 국회에서의 발언을 비판했다. 달라졌을까? 안 달라졌다. 이덕일은 여전히 문제의 성격을 모른다. 신채호, 정인보, 리지린이 이 기사를 부정했으며, 윤내현만 긍정했다는 것도 모른다. 그냥 임기환은 식민사학자니까 자기들에게 불리한 태강지리지를 부정하고 위서 취급한다고 욕한다. 이런 이덕일로 해서 대고조선론자들은 다시 한 번 맹목적으로 욕만 하는 환빠가 되었다. 이덕일이 그렇게 비난하는 맹목적 식민사학자들과 이덕일 자신이 똑같은 모습이 되었다. 그럼 태강지리지 이야기는 여기서 끝났을까?

2015년 11월 16일, 국회의원 회관에서 '상고사 대 토론회-한군현 및 패수 위치 비정에 관한 논의'가 열렸다. 사회는 당시 새누리당 간사 김세연 의원이고, 대고조선론 측에서는 복기대와 이덕일, 소고조선론 측에서는 공석구와 윤용구가 참석했다.

첫 번째 발표자는 한밭대 교수 공석구이다. 그리고 그의 발표주제는 '낙랑군 수성현 관련 고찰기록'이다. 이게 무엇일까? 그렇다. 태강지리지 얘기다. 공석구는 작정하고 태강지리지에 대한 얘기만 했다. 요지는 똑같다. 이 사료는 이런 저런 연유로 잘못된 것이며, 이 결론에 따라 추정하자면 낙랑군은 한반도에 설치되었다가 점차 중국 북경 쪽으로 교치, 곧 옮겨졌다는 것이다. 이 역시 핵심은 25년 전 노태돈 시나리오 그대로다. 그럼 이에 대한 이덕일의 대답은 무엇이었는가. 이덕일 말인즉 '이런 저런 이야기 다 쓸데없는 소리고 쓰여 있는 대로 낙랑군 수성현은 갈석산에 있었다고 해야 한다'는 것이었다. 여전하다. 식민사학자들이 불리하니까 사료가 틀렸다고 우긴다며 사실은 이덕일 본인이 우기고 있었던 것이다. 합리적인 설명은 하나도 못한 채 말이다.

물론 그렇게 우기는 건 이덕일 자유다. 그러나 주류 고대사학계는 태강지리지에 대한 같은 이야기를 이덕일 앞에서 끝없이 반복할 것이다. 이덕일을 조롱하기 쉽고, 그래서 재밌고 편하기 때문이다. 이덕일을 따르는 대중이 그런 이덕일의 말을 믿는 것도 어쩔 수 없다. 그러나 차후 이 이야기가 정리 확산되는 방식은 앞서 말한 것과 똑같다. 이덕일은 태강지리지에 대해 아는 것이 없으며, 맹목적인 마타도어로 우기기만 한다는 것이다. 이래서 대고조선론은 환빠로 전락한다.

이렇듯 이덕일이 뭔지도 모르고 건드린 태강지리지는 물귀신처럼 살아 돌아온다. 원래 그러려고 노태돈이 만든 이야기라고 하지 않았는가. 이덕일은 그 물귀신으로부터 헤어나지 못했고, 아마 앞으로도 빠져나오지 못할 것이다.

엄밀히 말하면 그날 토론회에서 이덕일은 박살이 났다. 사실은 항상 그랬다. 그럼에도 이덕일이 버티는 이유는 윤내현 때문이다. 이덕일이 그런 어리석을 이론을 떠들어도 윤내현의 대고조선론이 단단히 버티고 있으므로 해서 이덕일 이야기 중 큰 틀의 결론만은 맞아떨어진다. 그게 아니라면 이덕일은 윤내현이 없던 시절, 주류 고대사학계가 대꾸도 안 하던 천덕꾸러기 대고조선론자 중 하나에 불과했을 것이다. 버는 사람 따로 있고 쓰는 사람 따로 있다고 신채호 이후 대고조선론의 거장들이 제명에 산 사람이 없을 정도로 고생해서 이론을 세우면 이덕일 같은 사람이 앞에 나서 대신 호사를 부리고 정작 지켜야할 대고조선론을 시시각각 오염시킨다. 그런데도 이덕일은 자신이 고생한다고 엄살이다.

- 다음 사례이다. 이것도 조금 어려우니 독자들의 양해와 주의가 있기를 바란다. '한서, 지리지, 요동군, 험독현' 조에 다음과 같은 기사가 있다. 한문에 익숙하지 않은 독자는 크게 신경 쓰지 말고 일단 보기만 하면 된다.

臣瓚曰, 王險城在樂浪郡浿水之東, 此自是險瀆也'

이덕일은 이 기사를 다음과 같이 이해했다.

여기에서는 험독현을 왕험성과 같은 것으로 해석한 신찬의 주석을 살펴보자. 신찬은 요동군 험독현에 대해 "왕험성은 낙랑군 패수의 동쪽이다.

이것이 험독이다"라고 했다.

-『한국사 그들이 숨긴 진실』, 67쪽

그러니까 이덕일은 위 원문 기사를 "왕험성은 낙랑군 패수의 동쪽이다. 이것이 험독이다"라고 해석했으며 이에 따라 "험독현과 왕험성은 같다"라고 이해했다. 그런데 일반적으로 위 원문은 그렇게 해석되지 않는다. 또 이덕일처럼 이해하지도 않는다. 그럼 어떻게 해석하고 이해하는가? 바로 다음과 같이 해석하고 이해한다.

"신찬은 말하기를 왕험성은 낙랑군 패수 동쪽에 있는데 이곳은 이로부터 험독이 되었다"로 해석하고 이것을 "험독현은 왕험성과 다르다"라고 이해한다(윤내현의 해석, 한국 고대사 신론 109쪽).

다시 말해 이것은 이덕일의 해석과 다르며 의미는 반대로 이해하고 있는 것이다.

왜 이렇게 되는지는 생략한다. 대신 이런 해석을 누가 하는지 알아보자. '험독현이 왕험성과 다르다'는 해석과 이해를 하는 학자는 신채호, 리지린, 윤내현이다. 즉 이덕일은, 신채호, 리지린, 윤내현과 반대로 해석하고 이해한 것이다. 이에 대한 근거를 적시하면 다음과 같다.

신채호 (『조선상고문화사(외)』, 357쪽, 박기봉 옮김, 비봉출판사)

리지린 (『고조선 연구』, 91~92 쪽, 열사람)

윤내현 (『한국고대사신론』, 109~110쪽, 일지사)

그렇다면 이 해석과 이해의 차이는 얼마나 중요한가. 단지 사소한 해석의 차이에 불과한가 아니면 역사해석을 바꿀 정도로 중요한가. 후자 곧, 역사해석을 바꿀 정도로 중요하다. 우선 신채호는 이덕일처럼 해석하고 이해하는 것을 '미치광이 식의 해석이다……끝내 세상 사람들이 이해할 수 없는 비지리의 지리, 비역사의 역사가 되고 마는 것'(위의 책, 357쪽)이라 질타했다. 신채호의 입장에서 보자면 이덕일은 미치광이가 되는 셈이다.

한편 리지린과 윤내현에게 양자의 구별은 고조선의 영역과 도읍 변천 및 시대 변천의 핵심 고리 역할을 한다. 다른 한문 해석과 달리 이 문구의 해석은 이토록 중요한 것이다. 그렇다고 이덕일의 해석이 꼭 틀렸다 할 수도 없다. 누구나 나름대로 한문 해석을 할 수 있기 때문이다. 문제는 이덕일이 신채호와 리지린과 윤내현의 해석을 알고 그렇게 했느냐는 것이다. 아니다. 몰랐다. 만일 알았더라면 일언반구도 없이 태평하게 위와 같은 해석을 남겼을 리 없다. 자기가 선학들과 왜 달리 해석했는가를 말해주고 자기 입장을 서술했을 것이다. 또 이렇게 중요한 사안에 대해 그걸 하지 않는다면 역사학자의 기본이 안 된 것이다. 그러니 이덕일은 고대사에 무지함에도 자기 내키는 대로 고대사를 해석하고 서술하는 그런 사람이다.

이덕일의 고대사 연구라는 것이 이 모양이다. 그렇다면 이제 그의 나머지 이야기를 얼마나 믿어야 할까? 나처럼 고대사에 약간의 관심을 가진 대중 입장에서는 이덕일의 말 한 마디 한 마디가 조마조마하다.

고조선에 대한 그의 서술 전체가 불신의 대상이다. 잘라 말하면 그의 고조선 서술은 역사가 아니다. 그는 고대사 연구에 훈련되어 있지 않으며, 거의 아무것도 공부하지 않았다. 그저 개략적인 고대사 인식 수준에 손에 잡히는 한문 사료 몇 조각을 대충 해석하고 거기에 아마추어 수준의 주석을 다는 것이 전부다. 그를 폄하하는 게 아니다. 이덕일은 정말로 그러하며, 이것이 그가 가진 문제의 본질이다. 이런 그가 그토록 인기 있는 대중작가라니 참으로 난감하고 괴로운 일이다.

– 이덕일은 1차 사료라는 말을 좋아한다. 주류 고대사학계가 1차 사료를 무시한다는 것, 1차 사료를 통해 고대사를 연구해야 한다는 것은 그의 주 레퍼토리 중 하나다. 이것은 옳은 말이다. 또 익숙하지 않은 대중도 쉽게 이해할 수 있는 말이다. 하지만 이덕일이 이 말을 할 때는 항상 불안하다. 그가 말하는 1차 사료가 말 뜻 그대로 1차 사료인지 알 수 없기 때문이다.

1차 사료란 '해당 사건에 가장 가까운 자료. 그러면서도 신뢰도가 높은 자료'라는 뜻이다. 따라서 여기엔 사료 비판이 개입된다. 한 사료가 해당 사건에 정말 가까운지, 가까운 정도가 다른 사료와 같아도 신뢰성이 얼마나 높은지를 판단해야 한다. 또 해당 사건 당시의 사료가 없다면 그 다음 가깝고 신뢰성 있는 자료가 선택되어야 한다. 때에 따라서는 후대라도 더 신뢰성 있는 자료가 선택될 때도 있다.

윤내현은 이러한 1차 자료 비판을 가장 깔끔하고 완전하게 정립한 학자이다. 그래서 윤내현 식 1차 자료 적용은 매우 신뢰성이 높다. 이 것은 상식에도 부합하는 것이어서 조금만 주의를 기울이면 일반 대중도 선명하게 이해할 수 있다.

그러나 이덕일에게는 사료 비판이 아예 없다. 그는 자기에게 필요하면 아무거나 1차 사료라고 말한다. 이렇게 하면 당장 써먹기는 좋지만 나중에 문제를 일으킨다. 이건 역사학이 아니라 선전이기 때문이다. 이덕일은 이런 선전에 1차 사료라는 가짜 포장을 씌워 일상적으로 반복한다. 그러다 또 한 번 사고를 쳤다.

이덕일은 '낙랑군 조선현'이 한반도 아닌 북경 근처에 있었다는 증거로 『독사방여기요』라는 사서를 인용했다. 이 책은 청나라 때 만들어졌다. 당연히 1차 사료로서는 순위가 떨어진다. 청나라 때 책으로 1500년 이전 한나라 역사를 논증하려니 해당 사건에 가까워야 한다는 1차 사료 원칙에 걸리는 것이다. 따라서 이 책은 신중하게 다루어야 한다. 하지만 이덕일은 아무 생각 없이 필요한 구절 몇 개만 떼어다가 1차 사료랍시고 들이밀었다. 그러자 주류 고대사학계가 환호했다. 일단 주류 고대사학계는 이 책을 1차 사료라 인정하기 어렵다고 말했다. 그러자 이덕일은 이 책이 청나라 때 만들어졌지만 내용은 고대의 사서들을 총망라한 것이라고 말했다. 바보 같은 이야기다. 후대에 만들어진 책 치고 고대 사서를 인용하지 않는 책은 없다. 이덕일 본인도 이를 알고 있다. 그래서 약간 후퇴했다가 이번엔 주류 고대사학계가 제시한 이병도의 책은 더 1차 사료가 아니라고 말했다. 주류 고대사학계는 대꾸도 안 한다. 그들은 이병도의 책을 인용하지만 그 것을 1차 사료라 한 적이 없다. 결국 이덕일 혼자 떠들다 얘기가 끝난 것 같다. 이것이 이덕일의 책 『매국의 역사학』에 나오는 이야기다. 그 러나 이것은 위 태강지리지 이야기보다 심각한 재앙이었다. 차후 이 것은 이덕일과 그를 따르는 대중에게 수십 년, 어쩌면 영원한 악몽이 될 것이다. 왜 그런가?

이덕일이 일부 인용한 『독사방여기요』 해당 부분 전체를 인용하여 적당히 해석을 가하면 이덕일의 주장과 전혀 반대의 결론이 나온다. 주류 고대사학계는 실제로 그런 해석을 했다. 낙랑군 조선현이 북경 부근에 설치된 것이 아니라 본래 한반도에 설치되었으며, 이것이 나중 에 이동을 반복해 북경 부근으로 옮겨졌다는 것이다. 사실이 무엇인가 이전에 주류 고대사학계가 제시한 이 논리는 보통의 대중에게 막강한 설득력을 갖는다. 이것은 기실 사기에 가까운 설명이지만 구체적인 내 용을 잘 모르는 대중의 입장에서는 이 설명이 쉽고 분명해 보여서 이 덕일을 미친 사람이라 의심해도 이상하지 않을 정도다.

실제로 이 사건은 『역사비평』에 떼로 몰린 젊은 주류 고대사학계 학자에 의해 인용되어 논문으로 실렸다. 이후 이들의 논문을 엮어 만든 책 『한국 고대사와 사이비역사학』에도 그대로 실렸다. 이 사건 을 통해 이덕일을 향한 그들의 조롱과 환호는 극을 달렸으며 이는 곧바로 대고조선론 전체를 음해하기 위한 독가스로 온 세상에 살포 될 것이다.

윤내현의 이론에서 보자면 주류 고대사학계의 이러한 해석은 가소로울 뿐 아니라 쾌재를 부를 일이다. 그러나 이를 설명하려면 이론 전체가 가동되어야 하고, 이를 대중에게 설명하기는 어렵다. 나아가 사방에 가림막을 치고 있는 주류 고대사학계의 조직력을 감안하면, 항상 그렇듯 대중에게 접근하기는 거의 불가능하다. 이렇게 해서 이덕일은 다시 한 번 대고조선론의 전통에 메가톤급 오물을 끼얹는 데 성공했다.

이상 이덕일의 학문적 부실을 살펴보았다. 그는 더 이상 고대사를 논해서는 안 된다. 하지만 그는 중지하지 않을 것이다. 다만 그가 고조선사와 대고조선론에 대하여 학문적으로 무슨 짓을 했는가를 기록해두고자 할 뿐이다.

이덕일은 학문 외적인 부분에서도 인상적인 행적을 남겼다. 이 부분도 짚어두고 가야한다.

- 2014년 문창극이 국무총리 후보로 지명되었다가 친일 발언이 문제가 되어 중도 사퇴했다. 그때 대부분의 국민들은 개탄과 분노를 금치 못했다. 이덕일은 이 문창극에 대해 그의 책 『우리 안의 식민사관』에서 이렇게 말했다.

필자는 문창극 후보를 가해자 겸 피해자라고 분류한다. 가해와 피해의 정도를 가늠해보면 가해의 무게가 더 크다고 볼 수 있겠지만 그의 인생 궤적을 더듬어보면 단 한 번도 식민사학에 대한 비판적 성찰을 할 수 있는 기회가 없었다는 점을 감안했기 때문이다(10쪽).

이렇게 해서 대한민국의 대부분 친일파는 가해자이면서 피해자가 되었다. 이덕일의 분류에 따르면 순수한 가해자 친일파는 주류 고대 사학계 학자들뿐인 것 같다. 당장 이덕일의 적인 그들만 없애 준다면 그밖의 어떤 친일파도 용서해 줄 준비가 된 듯하다. 나는 이덕일의 발언을 긍정적으로 해석해보려고도 노력했다. 하지만 불가능한 일이었다. 이덕일이 왜 친일청산을 외치는지 이제 아무도 알 수 없다.

– 같은 책 서두에서 이덕일은 대만의 부사년(푸스넨)을 언급했다. 부사년은 장개석을 따라 대만으로 넘어가 대만대학 총장이 되었는데 일제 식민사학이나 식민교육 시스템을 청산하고 대만대학을 1급 대학으로 만들었다는 것이다. 반면 한국의 서울대는 부사년 같은 학자도 없이 식민사학의 아성이 되었다고 한다. 그래서 서울대는 1급 대학이 못 되었다는 뉘앙스를 풍긴다.

그런데 그런 부사년를 데리고 있던 장개석은 대만에 악독한 독재정권을 수립했다. 이덕일이 식민사학을 청산하여 부사년의 대만 같은 독재정권을 수립하자는 얘기는 아닐 것이다. 그러나 이런 말을 하는 이덕일의 수준은 명백하다. 그렇게 역사 바로 세우기를 떠들면서도 이덕일에겐 역사의식이란 게 없다. 매일 정의를 말하고 언제나 독립 운동사를 말하고 항상 과거사는 현대사라고 떠들면서 실상 현재에 대해서는 아무 관심도 없다.

역사학이 주어진 사회에 어떤 역할을 하는가는 굉장히 복잡하다. 역사 속에서 모든 선은 순식간에 악으로 둔갑하고 그 반대도 마찬가지다. 그러므로 주어진 시대를 바로 보기 위해서는 매 순간의 자각이 필수적이다. 이덕일에게는 이 자각이 없다. 그의 정의와 역사투쟁은 허깨비다.

- 이덕일과 김현구의 소송사건은 유명하다. 이덕일이 김현구를 식민사학자라고 비판한 것에 발끈하여 김현구가 고소를 한 것이다. 1심에서는 이덕일의 유죄였으나 2심에서는 무죄판결로 결론 났다.

나는 김현구를 좀 안다. 전작 『일본, 해방되거나 사라지거나』에서 김현구를 검토했기 때문이다. 아닌 게 아니라 김현구는 수상한 인물이다. 나는 그를 식민사학자라 말할 생각은 없지만 누군가 그렇게 말한다 해도 크게 이상하지 않다. 따라서 김현구의 고소는 웃기는 얘기다. 설혹 김현구가 식민사학자 아닌 민족주의 사학자라 해도 김현구의 고소는 말이 안 된다. 학자가 학문적 내용을 비판당했는데 고소라니 그게 지나치다 할지언정 말이 되나? 그럼 빨갱이로 고발당한 윤내현은 어쩌라는 건가. 이걸 보면 김현구는 그의 학문 외에도 문제가 많은 사람이다. 그가 소리 없이 주류 고대사학계 구석에 숨어 있는 사연이 잘 이해된다.

문제는 이덕일이 어떤 근거로 이런 일을 했느냐이다. 가장 강력하고 직접적인 동기는 최석재라는 인물이다.

그는 1926년 생으로 매우 연로한 학자이다. 사회학자인 그가 고대 한일 관계 연구를 했던 것인데, 주류 고대사학계에서 냉대를 받았다. 후에 이덕일과 만나 이런 사연을 말하게 되고 이덕일은 이를 바탕으로 김현구를 몰아세운 것이다.

그런데 나는 최석재의 저작을 많이 가지고 있다. 전작에 필요한 자료로 쓸까 싶어 구입했기 때문이다. 하지만 최석재의 학문적 수준은 매우 낮았다. 그가 주류 고대사학계로부터 냉대를 받았다지만 그 수준으로는 어딜 가도 냉대를 받는다. 예를 들어 윤내현 같은 학자가 받은 냉대와는 전혀 비교할 수 없다. 이덕일은 바로 이런 사람의 주장과 이론을 근거로 김현구를 몰아세운 것이다.

이것이 왜 중요하냐면 이덕일 주변엔 항상 이런 사람들이 모이기 때문이다. 『동북아 대륙에서 펼쳐진 우리 고대사』를 쓴 황순종, 『한국사가 죽어야 나라가 산다』를 쓴 이주한 등이 그들이다. 이들의 학문적 수준은 아무리 잘 봐주려 해도 문제가 많다. 또 그가 조직한 단체에도 수상한 사람들이 몰려든다. 게다가 이덕일은 이런 사람들을 키워주기 위해 애쓴다. 그는 책을 낼 때마다 누군가를 선전하는데 보고 있노라면 종종 말문이 막힌다.

이런 현상은 이덕일의 행동을 설명하는 주요한 동기라 할 수 있다.

그는 왜 이상한 학문과 이상한 말을 멈추지 않는가. 데리고 있는 사람이 많다는 것이 한 원인이란 말이다. 그는 자기 주변에 가까이 묶어둘 사람이 필요하고, 그 사람들은 이덕일의 인기와 조직력이 필요하다. 여기서 한 발짝만 더 나가면 지저분하고 속된 것들이 무더기로 엉킨다. 그 다음부턴 아무것도 보이지 않게 된다.

돌아보건대 고조선사는 피를 먹고 성장했으나 동시에 어디의 누구로부터인가 끊임없이 피를 빨려왔다.

고조선사에는 많은 엉터리 학자들이 기생해 왔던 것인데, 오늘날의 이덕일도 이와 무관하지 않다.

이상 이덕일 비판을 마친다.

::: 이문영

이문영은 소고조선론 진영의 재야사학자이다. 서강대 사학과를 졸업했지만 동화작가 인터넷 블로그 운영을 본인의 프로필로 적는다. 역사학 학위를 가지고 있지 않으며, 논문을 쓰지 않았지만 학문적인 내용을 주장하므로 재야사학자라 할 수 있다.

나는 이덕일처럼 한때 이문영을 좋아했다. 환단고기 신봉자를 비롯한 환빠들에 대한 이문영의 폭로와 비판이 훌륭했기 때문이다. 이 부분에 한해서만은 지금도 그의 책 『만들어진 한국사』를 권하는 데 주저함이 없다. 하지만 그는 다른 곳에서 심각한 문제를 일으켰다. 그는 『만들어진 한국사』 3부 8절, '낙랑군은 없다?'에서 약 20여 페이지에 달하는 글을 썼다. 전체 400페이지 내용 중 거의 유일한 고대사 이야기다. 나머지는 환빠 이론이나 인물들을 사실에 근거하여 논리적으로 폭로하고 비판한 글이다. 그런데 이 20페이지에서만은 작정하고 낙랑군에 대한 역사학적 이론을 전개한 것이다. 하지만 그는 이 분야에 관한 논문을 쓴 적이 없다. 그럼 다른 학자의 이론에 기대든지 윤내현 이하 합리적인 대고조선론을 스스로 비판해야 한다. 그러나 이문영이 그런 일을 할 리가 없고 할 수도 없다. 위의 20페이지 글도 엉망이다. 물론 그 20페이지의 핵심이 노태돈의 논문을 대충 따라 한 거라는 건 안다. 그러면 노태돈에 기댔다고 말을 해야지 뭐가 무서워 자기 혼자 얘기인 척하는가.

이게 왜 문제냐면 아무런 준비도 안 된 사람이 멋대로 대중을 호도하려 하기 때문이다. 이문영도 본인이 그래서는 안 된다는 걸 알고 있을 것이다. 다른 데서는 이런 짓을 잘 안 하고 주류 고대사학자들이 그가 고대사에 관여하도록 놔두지도 않을 것이다. 학위를 가진 자신들이 버젓이 있는데, 이문영 같은 아마추어의 영역 침범을 용납할 리 없다. 혹시 자기들 사이에 끼워주더라도 줄창 환빠 이야기만 시킬 뿐이다. 그런데 이런 사람이 언감생심 학자연하며 소고조선론을 설교하려 하면 꼴이 말이 아니다. 그 순간 이문영은 식빠로 전락하는 셈인데 이렇게 되면 자기가 비판하는 환빠와 똑같이 된다. 둘이 합심해서 고조선론을 오염시키는 것이다. 물론 둘 다 말릴 수 없다. 그들이 그 모양이라는 걸 확인해 둘 뿐이다.

이문영은 환빠들을 유사역사학자라 불렀다. 좋은 이름이고 제법 알려진 개념이기도 하다. 그러나 이문영이 역사 이야기를 하는 순간 그 말은 바로 본인을 가리키게 된다. 환빠 유사역사학자와 이문영이라는 식빠 유사역사학자가 잘 어울리는 순간이다.

이문영은 이덕일과 비교할 때 정체가 분명해진다. 둘 다 긍정적인 역할을 하는 부분이 있다. 이덕일은 주류 고대사학자들의 비리를 들춰내고 공격하는 데 혁혁한 성과를 올렸다.

이문영은 환단고기 신봉자들을 포함한 환빠의 비리를 들춰내고 공격하는 데 혁혁한 성과를 올렸다. 이 부분에서만은 둘 다 팩트에 입각한 모범적 논리를 전개하였다. 앞으로도 이들의 이런 부분에 대한 이런 식의 활약을 기대한다.

하지만 이문영이 아직 이덕일에 미치지는 못한다. 앞에서 보았듯 이덕일은 주류 고대사학계가 동북아역사재단에서 획책한 '한국 고대사 프로젝트'나 '동북아역사지도 사업'을 좌초시키는 데 중대한 역할을 했다. 국회에까지 진출하여 눈부시게 활동하기도 했다. 하지만 이문영은 인터넷에서 블로그에 열중하거나 노태돈을 따라 대중 강연에 나가거나 간혹 지면에 글을 쓰는 정도다. 앞으로도 이덕일만큼 성공하기는 어려울 것이다.

실제로 이문영은 이덕일 때문에 입지를 보장 받는다. 스토커나 되는 양 이덕일을 따라다니며 비판하고, 이를 통해 자기 존재를 증명하는 경우가 적지 않다. 주류 고대사학계에서는 이런 이문영이 필요하기도 해서 당분간 이문영은 주류 고대사학계 옆에 머무를 수 있을 전망이다. 그러나 이덕일은 이런 이문영을 신경 쓰지 않는다. 세간에서 흔히 볼 수 있는 광경 중 하나이다. 서로 싸우고 견제하는 것이 고조선사를 위해 나쁘기만 한 것은 아니다. 각자 틀린 자들이 서로의 틀린 것을 깎아주기 때문이다. 그것은 위안이 된다. 이문영은 이 정도로 정리한다.

::: 김종서, 심백강

김종서와 심백강은 또 다른 부류의 대고조선론자이다. 이들은 환단고기와 무관하다 할 수는 없지만 주로 고대 문헌을 연구하기 때문에 환단고기 신봉자로 분류하기는 어렵다.

한편 이들은 통상적인 학술 논문을 쓰지 않는다. 자기 식의 책을 쓰거나 강의를 할 뿐이다.

한편 두 사람은 박사학위를 가지고 있다. 그래서 엄밀히 말하면 재야사학자가 아니다. 윤내현도 이런 김종서를 가리켜 기대를 표했던 것이다. 그러나 학위를 가지고 있다 해도 그들의 학문 방식은 여전히 독특하다. 위에 말했듯 통상적인 논문 대신 자신만의 방식으로 연구를 하고, 그 핵심은 주로 고대 사료를 분석하는 것이다. 이는 그간 재야사학계가 보여준 연구방식이다. 그래서 그들을 재야사학자로 분류한다.

비슷한 많은 학자 중 굳이 이 두 사람을 언급한 것은 이들이 2016년 동북아역사재단에서 열린 제2회 상고사토론회 대고조선론측 대표자로 참가했기 때문이다. 이 토론회 영상은 유튜브에서 확인할 수 있다. 그럼 이 토론회는 어떻게 진행되었을까?

사람마다 평가가 다르겠지만 내가 보기에 두 사람은 박살이 났다. 주류 고대사학계는 이들을 데리고 장난을 즐기는 듯했다. 그럴 수밖에 없는 것이 이들은 고고학에 훈련되어 있지 않았고, 자신들이 다루는 사료를 비판적으로 고찰하지 않았다. 고조선 논쟁의 역사나 그 안에서 다루어진 주요 쟁점에 대해서도 몰랐다.

주류 고대사학계는 고고학 이야기를 하고 김종서와 심백강의 자료를 문제 삼았다. 게다가 김종서와 심백강은 이런 식의 토론 문화에도 익숙하지 않았다. 이렇게 되면 대학생이 초등학생과 싸우는 거나 다름없다. 그전 다른 토론회에서 고고학자이자 윤내현의 제자인 복기대가 토론할 때와는 전혀 다른 모습이다. 복기대는 오히려 주류 고대사학자들을 다루었다.

김종서와 심백강의 문제는 모든 재야사학계 학자에게 적용된다. 나는 이들이 그런 열정과 능력을 가졌으면서 왜 총체적인 고조선 연구를 하지 않는지 궁금해 했다. 하지만 부질없다. 그들은 바뀌지 않을 것 같다. 자신들이 원하는 자의적 문헌해석에만 몰두할 것이다. 아쉽긴 하지만 그건 그것대로 의미가 없지는 않다.

제5장

진보사학계 비판

강만길

이이화

2000년, 『역사비평』 겨울호

2016~2017년, 『역사비평』 광풍의 1년

고조선 논쟁과 한국 민주주의

고조선 문제는 진보사학계의 모든 치부가 응집된 곳이다.

친일파 청산을 말하는 그들이 얼마나 굳건히 친일파들과 연합하고 있으며, 과학적 지성을 말하는 그들이 얼마나 반지성적 맹목에 빠져있으며, 인권을 말하는 그들이 얼마나 반인권적일 수 있으며, 정의를 말하는 그들이 얼마나 속된 파벌 이기주의에 사로잡혀 있는가를 보여준다.

이것은 오늘날 파산 직전에 이른 진보사학계의 현실을 설명해준다.

왜 『역사비평』이 2016년 내내 수십 편의 주류 고대사학계의 글을 쏟아내는 광기를 보여주었는가를 설명해준다.

::: 강만길

진보사학계의 태두 중 하나이다. 그가 군사독재의 어둡고 척박한 땅에서 피워 올린 저항과 지성의 불씨는 영원히 꺼지지 않을 것이다. 그러나 그 속에는 처음부터, 그리고 아무도 자각하지 않았던 악몽의 씨앗도 있었다.

첫째, 그의 스승은 고려대의 신석호였다. 이병도와 더불어 대표적인 친일파 역사학자이다. 이병도와 더불어 그 이름은 민족문제연구소 '친일인명사전'에 올라있다.

둘째, 노무현 정권 당시 강만길은 '친일반민족행위진상규명위원회' 위원장을 역임했다. 그는 여기서 작성한 친일파 명단에서 자기 스승인 신석호와 이병도의 명단을 넣지 않았다. 민족문제소연구소가 제정한 친일파 명단에서 신석호와 이병도를 삭제한 것이다.

셋째, 그는 자신의 마지막 이야기인 자서전 『역사가의 시간』에서 자기 스승 신석호를 극구 변호하고 칭송했다.

넷째, 그는 신채호를 '일본어용사학의 역사 왜곡에 정면으로 맞선 반 식민사학자'였지만 '관념성과 정신주의적 제약이 많은 학자'로 규정했다(『한국 사학사의 연구』, 1985년, 244~245쪽).

강만길의 자기 스승 신석호에 대한 위와 같은 태도에 대해 강만길 자신과 진보사학계는 나름대로 할 말이 많을 것이다. 그러나 뭐라 하든 상관없다. 이로 인해 모든 친일파와 그 후손들은 자신들이 친일인명사전에서 삭제될 수 있다는 사실을 확신하게 되었다. 더구나 강만길이 건드린 것은 남도 아닌 자기 스승이었다. 그렇다면 어느 친일파인들 자기 제자나 자식이 없겠는가. 파벌과 인맥과 친분 앞에서 친일파란 존재하지 않는다는 것. 이것을 가장 앞서 증명한 자가 다름 아닌 강만길과 진보사학자들, 곧 친일파 문제를 제기한 당사자들이었다. 이것이 진보사학계 최초의 불씨에 숨어 있는 악몽의 씨앗이었다.

강만길의 신채호 평가는 두 가지의 극단적 자가당착을 가져왔다.

첫째, 강만길은 철저한 근현대사학자로 고대사를 전혀 모른다. 그가 신채호를 읽어보기나 했는지조차 의심스럽다. 그런 그가 감히 신채호를 위와 같이 평가한 것이다. 이것은 과학적 지성을 누구보다 강조했던 진보사학의 지독한 자기모순이다. 자신이 모르는 것에 대해 자신의 이데올로기만으로 대상을 평가하고 심판한 것이기 때문이다. 이것은 그들이 저항했던 군사독재의 행태를 그대로 반복한 것이다. 차후 진보사학계의 비틀리고 무지한 반지성적 이데올로기 전통이 여기서부터 싹텄다.

둘째, 이러한 강만길의 신채호 평가는 후배 진보사학자들에게 그대로 유전되었다. 예나 지금이나 진보사학계에서 고대사를 연구하는 학자는 거의 없다고 보아도 무방하다. 그럼에도 이들은 신채호에 대해서 강만길의 평가를 사이비종교 교리처럼 간직한다. 전 집단이 아무것도 모르는 것에 대해 이런 신념을 가지고 있다는 것은 놀라운 일이다. 이것은 진보사학계가 학문적 지성이라는 측면에서 어디까지 타락할 수 있는가를 시험한 것이다.

::: 이이화

강만길과 더불어 이이화도 진보사학계의 거두이다. 그가 이룩한 역사대중화의 전설은 진보사학계의 금자탑이다. 학위 하나 없는 고졸 출신의 역사학자로 가난과 고통 속에 살아온 그의 삶은 그 자체로 한국 현대사의 아픔이자 승리이기도 했다. 그러나 그의 빛나는 역사학 속에도 고조선의 악몽은 선연하다. 그것은 진보사학계가 가진 자기 분열의 직인이기도 하다.

이이화는 진보사학계 중에도 민족을 강조하는 편에 속한다. 그래서 그는 중국의 동북공정에 대해서도 앞장서 대응했다.

2009년 중국의 동북공정에 맞서 우리 역사를 지키고자 이이화는 백두산 역사탐방단을 꾸렸다. 그는 그 팀의 명예단장이었다. 2010년 이 결과물로 『백두산을 오르며 만나는 우리역사』가 출간되었다. 이 책 40페이지에 따르면 그는 탐방 중 압록강변에서 애하첨고성과 호산장성을 방문하고 이것을 고구려 성이라고 말했다. 그런데 노태돈과 송호정은 애하첨고성을 중국 한나라의 성이라고 주장한다. 이 주장은 송호정의 『한국 고대사속의 고조선사』 309쪽에 나와 있으며, 이는 그의 스승 노태돈의 『단군과 고조선사』 45쪽 내용을 보충 상술한 것이다. 중국학자들을 따르는 그들에게 애하첨고성은 고구려성이 아니라 중국 한나라의 안평현성이어야 한다. 따라서 이이화는 노태돈과 송호정을 강하게 비판했어야 한다. 그러나 이이화는 그런 일을 하지 않았다. 국민 앞에서는 동북공정에 맞서는 척 외쳤지만 정작 중국 동부공정의 간첩이나 다름없는 노태돈과 송호정과 주류 고대사학계에 대해서는 장님이나 되는 양 모른 척했다. 이럴 거면 이이화는 뭐하러 동북공정에 맞서겠다고 나선 건지 알 수가 없다. 하지만 이런 황당함은 아직 절반도 안 끝났다.

위의 책 『백두산을 오르며 만나는 우리역사』 41쪽에 이이화는 호산장성과 만리장성에 대해 말했다. 중국은 압록강변의 호산장성을 만리장성의 일부라고 주장하는데 이이화가 이를 소리 높여 비판한 것이다. 뭐라고 비판했는가. 이이화 왈, 진시황 때의 만리장성의 동단은 지금의 산해관으로 그것을 압록강변의 호산까지 늘리는 중국의 작태는 어처구니없는 역사왜곡이라는 것이다. 그는 사료까지 인용하며 해설을 덧붙였다. 그러니까 이이화는 진시황 때의 만리장성 동단이 지금의 산해관이라 확신하는 것이다. 그럼 난리가 났다. 노태돈과 송호정의 주류 고대사학계가 만리장성의 동단은 산해관이 아니라고 필사적으로 외치는 중이기 때문이다. 말했듯 만리장성 동단 문제는 주류 고대사학계의 목숨이 걸린 문제다. 그러기에 중국의 식민지가 되어서라도 깨부수려 했던 게 만리장성 동단 산해관설이고, 태강지리지를 수십 년이나 꼬아대면서 뒤집으려 했던 것이 만리장성 동단 산해관설이다. 따라서 지금 만리장성 동단이 산해관이며, 이를 부정하는 것은 역사왜곡이라 표호하는 이이화와 그것을 죽기 살기로 부정하는 주류 고대사학계는 둘 중 하나가 죽어야 하는 원수가 되었다. 그러나 그들 사이엔 한 발 총탄 연기도 피어나지 않았다. 국민 앞에서 만리장성 동단이 산해관이라 펄펄 뛰던 이이화는 주류 고대사학계 앞에서는 꼬리내린 강아지처럼 고분고분했다.

　나는 이 사태가 너무 괴상하고 심각해서 이이화를 강하게 비판했다. 전작 『한국 고대사와 그 역적들』에서 '이이화 선생님, 지금 뭐하십니까'라는 소제목으로 그렇게 했다. 그런데 그 이후 절묘한 이야기를 들었다. 2015년 9월 26일자 '중앙SUNDAY'는 이이화의 인터뷰 기사를 실었다. 그중 이이화에 대한 비판에는 어떤 것이 있느냐는 질문이 있었는데, 그에 대해 이이화는 이렇게 답했다.

- 선생은 어떤 비판을 받고 있는가.

"세 가지 방향에서 비판이 들어온다. 첫째로 고대사와 관련됐다. 나를 역적 취급을 하는 이들도 있다. 내 입장은 과학적인 역사학을 해야 한다는 것이다. 단군이 대제국을 건설했다는 것과 같은 억설은 배제해야 한다. 둘째로 나를 '좌빨'이라고 한다. 절대 아니다. 나는 철저한 민주주의 신봉자다…(중략)… 셋째로 '이이화는 이론이 없다'는 주장이 있다. 아니다. 모든 이론을 섭렵했다…(중략)…."

이중 첫 번째 이야기가 고대사와 관련된 것이다. 그는 누군가가 자기를 역적 취급한다고 했다. 내 생각에 그것은 나의 전작 『한국 고대사와 그 역적들』을 두고 하는 말인 것 같다. 어쨌든 그는 과학적인 역사학을 해야 하며, 단군이 대제국을 건설했다는 억설은 배제해야 한다고 말했다. 좋은 말이다. 그러나 내가 물은 건 과학적 역사학이나 단군 대제국설 따위가 아니다.

'이이화는 애하첨고성을 고구려성이라고 주장하느냐. 따라서 그걸 중국성이라 주장하는 노태돈과 송호정에 반대하느냐'

무엇보다

'이이화는 만리장성의 동단이 산해관이라고 생각하느냐. 그것은 전 주류고대사학계가 목숨을 걸고 반대하는데 그래도 산해관이라고 생각하느냐.'

이 두 가지 질문이 전부다. 거기에 예, 아니오로 답하면 그만이다. 그리고 이 단순한 대답이야말로 가장 근본적이고 과학적인 것이다. 그러나 이이화는 이 대답을 피해갔다. 그 솜씨가 어지간한 정치인에 육박한다. 일생을 대쪽인 양 행세하던 이이화는 여기서 죽었다.

이것은 이이화 개인만의 문제가 아니다. 지성의 파산, 그러니까 이이화의 만리장성 이야기처럼 잘 모르거나 책임지지 않는 이야기를 멋대로 하고, 나중에 그것을 둘러대는 태도는 진보사학계에 그대로 유전되었다. 위 강만길의 태도가 진보사학계에 그대로 유전된 것과 같다. 사실 이런 유전자가 없는 집단은 없다. 따라서 진보사학계가 더 많은 욕을 먹을 이유도 없다. 맞다. 십분 이해한다. 그러니 한 가지만 확인해 달라. 진보사학계는 더 이상 높은 도덕성과 과학성을 주장하지 말라. 그저 그놈이 그놈이라는 사실만 고백해 달라. 그 사실만 분명히 하면 진보사학계에 더 이상 불만은 없다.

위 '중앙SUNDAY' 이이화 인터뷰 기사 제목은 "진짜 역사학자는 '민족우수성' 외칠 시간에 진실 캔다" 이다. 웃기는 소리다. 이이화는 진보사학자 중 민족우수성을 가장 많이 외친 사람이다. 그러나 보다시피 고대사의 진실을 캐는 데는 가장 불성실하다. 진보사학계의 이 놀라운 자가당착을 어찌할 것인가. 한때는 운 적도 있다. 그러나 이제는 웃기로 한다.

::: 2000년, 『역사비평』 겨울호

2000년 『역사비평』 겨울호에 송호정의 논문 「'비밀왕국, 고조선' 실상은 이렇다」가 실렸다. '쟁점 논문'이라는 화려한 타이틀이다. 앞서 말했던 그 논문이다. 2000년 10월, 윤내현의 이론을 바탕으로 한 KBS_TV '역사스페셜' 〈비밀의 왕국, 고조선〉이 방영된 것에 대해 주류 고대사학계의 신참 고조선 박사 1호 송호정이 강도 높게 비판한 것이다. 여기서는 이 사건이 진보사학계에 갖는 의미를 요약한다.

말했듯이 진보사학계는 고대사를 모른다. 그럼에도 이제 막 박사학위를 마친 송호정의 논문을 이렇게 신속하고 화려하게 등재시켜준 것은 두 가지 사실을 말한다. 하나는 진보사학계가 대고조선론에 대한 맹목적 거부감과 혐오감을 가지고 있다는 것이고, 다른 하나는 진보사학계와 고대사학계간의 강력한 커넥션이 있다는 것이다. 진보사학계 최고 잡지라는 『역사비평』에 논문을 싣는 일이 쉬울 리 없다. 따라서 위의 두 가지 사실을 전제하지 않는 한 이제 겨우 박사가 된 송호정의 논문이 실릴 리가 없다. 정상적이라면 역사비평 편집진은 그의 이름조차 몰랐을 것이다.

이런 사실은 진보사학계의 본질적인 성격을 알려준다.

첫째, 진보사학계는 고조선에 대한 윤내현의 이론과 주류 고대사학계의 이론을 전혀 모르며, 이해하려 하지도 않았다. 아무런 검토나 평가도 없이 무조건 주류 고대사학계를 편들어 송호정의 논문을 실은 것이다. 이는 진보사학계도 맹목적인 이데올로기 추종과 맹목적인 편 가르기를 주저 없이 시행한다는 걸 입증한다.

둘째, 윤내현은 주류 고대사학계에 의해 빨갱이로 고발당해 안기부의 심문을 받았다. 나아가 『역사학보』라는 거대한 학술지에 이형구의 뻔뻔한 논문을 실어 표절자라는 전대미문의 음해를 받았다. 그러나 진보사학계는 이러한 약자와 피해자를 돌아보려 하지 않았다. 오히려 가해자 편에 서서 죄 없는 피해자인 윤내현을 더욱 짓밟았다. 진보사학계는 인혁당 사건 피해자들, 제주 항쟁 피해자들, 세월호 희생자들 등 억울한 피해자와 희생자들에 대한 진상규명과 명예회복을 위해 싸웠다. 개인에 대한 문제도 마찬가지다. 장준하 암살의혹, 강기훈 유서 대필 사건, 기타 수많은 간첩 조작사건에 대해서도 맹렬하게 저항했다. 요컨대 진보사학계는 부당하게 누명을 쓰고 짓밟힌 사람들의 대변인 역할을 해왔다.

하지만 윤내현은 예외다. 그가 간첩누명을 쓰고 감옥에 들어갔다 해도 진보사학계는 박수를 쳤을 것이다. 자신들이 뭔지도 모르고 싫어하는 대고조선론 학자가 간첩이라는 사실을 즐거워했을 것이다. 이것은 진보사학계도 일종의 부당한 권력임을 입증한다. 그 누구든 진보사학계의 입맛에 맞지 않으면 윤내현처럼 짓밟힌다. 늘 빨갱이 취급을 당해온 진보사학계는 이런 음해가 얼마나 더러운 것인지 가장 잘 아는 당사자이면서도 자신이 싫어하는 사람에 대해서는 똑같은 일을 저지를 수 있는 사람들이다.

셋째, 윤내현은『역사학보』에서 학문적 논쟁 대신 마타도어로 범벅된 모략을 받았다. 위 이형구의 논문이 그것이다. 진보사학계는 학술잡지의 이러한 행태를 용납했다. 윤내현을 비방하는 한 진보사학계는『역사학보』가 그 이상의 일을 하더라도 침묵할 것이다. 이것은 진보사학계의 학문적 지성이 파산하였음을 입증한다. 그들의 잡지『역사비평』에 동일한 일이 발생해도 이상할 게 없으며, 비공식적인 일상에서 진보사학계가 논쟁 대신 마타도어 전쟁에 몰두한다 해도 이상하지 않다. 아마도 그들은 정말로 그렇게 하고 있을 것이다.

맹목적 이데올로기 추종과 편가르기, 부당하고 잔인한 권력집단, 학문적 지성이 파산한 학계.

한 번 곰곰이 생각해 볼 일이다. 민중의 위대한 대변자, 과학적 지성의 산실 진보사학계가 과연 그러할까? 아무래도 그런 것 같다. 그놈이 그놈이다. 그래서 모든 이념은 회색이다. 한때 학위 하나 없는 거리의 역사학자들이었던 그들이 이제 각지의 강단과 연구소에 자리를 잡았다. 어지간히 넉넉해졌다. 이렇게 배가 불러지면 그렇게 썩는 법이다.

::: 2016~2017년, 『역사비평』 광풍의 1년

앞서 「역사비평」의 고대사 논문 광풍을 말했다. 이 논문들은 주류 고대사학계 신진 학자들이 게재한 것으로 그 내용에 대해서는 뒤의 주류 고대사학계 비판에서 다룬다. 여기서는 이 『역사비평』과 진보사학계와 관련된 것들을 말하고자 한다.

이 논문 광풍은 2016년 봄부터 2017년 봄까지 계속되었다. 114호 봄호, 115호 여름호, 117호 겨울호, 118호 봄호, 이상 116호를 제외한 4권의 연속 된 『역사비평』에서 10여 편 이상의 논문이 발표되었다. 연속기획, 혹은 특집이라는 타이틀을 달았는데, 매호 3편 이상씩 발표된 셈이다. 말했듯 『역사비평』은 고대사를 잘 다루지 않는다. 그럼에도 이런 일을 한 것은 그야말로 광풍이라 할 수밖에 없다. 다른 잡지에서도 볼 수 없는 풍경이다. 어째서 이런 일이 생겼는가.

이 광풍이 시작된 114호 2016년 봄호는 2016년 2월 29일에 발간되었다. 그런데 이때는 앞서 말한 '동북아역사지도' 폐기를 둘러싸고 주류 고대사학계가 필사적인 저항을 할 때이다. 이것이 굉장히 복잡한 문제라고 했는데, 여기서 필요한 것만 조금 살펴보기로 하자.

지도제작 주체인 '서강대 산학협력단'과 '동북아역사지도 편찬위원회'는 2015년 말 역사지도 최종본을 제출했다. 그런데 새로 부임한 이사장 이하 동북아역사재단 측은 접수를 거부해버렸다. 얼마 동안 최종본을 검토한 후 2015년 12월 18일 접수 거부를 선포한 것이다. 이때부터 지도 제작진은 재심요청, 행정소송 고려 등 발악에 가까운 저항을 한다. 그 와중에 재단은 지도 제작자들의 일부 연구비까지 환수하라고 통보했다. 이런 상황이므로 주류 고대사학계는 최종 폐기 판결이 나오는 6월 28일까지 배수의 진을 치고 싸워야 했다. 주류 고대사학계의 논문이 갑자기 무더기로 쏟아진 『역사비평』 114호와 115는 이 6개월 사이에 발행되었다. 반면 최종 판결이 나온 직후 116호에는 고대사 논문이 실리지 않았다. 일이 끝났기 때문이다. 이어 117, 118호에는 다시 주류 고대사학계 논문이 실렸다. 이후 작업을 위한 재정비와 준비가 그들로서는 꼭 필요한 것이었기 때문이다.

『역사비평』과 진보사학계는 주류 고대사학계의 이 엄청난 태극기 집회의 하수인 역할을 했다. 이게 과연 진보사학계에 어울리는 일인가? 보통 이런 일이 생기면 복잡하게 얽힌 내막을 분석하고, 문제의 1차원인인 지도제작단을 분석해야 한다. 이들이 비리를 저지른 것은 없는가, 학계 이익집단의 커넥션은 없었는가, 한국 사회에서 이들이 가지는 의미는 무엇이고, 그 역사는 어떠했는가를 과학적으로 분석해야 한다. 이게 진보사학계가 본래 하는 일이다. 혹은 진보사학계가 본래 하는 일이라고 알려져 있다. 하지만 『역사비평』은 이와 거리가 멀었다. 대중의 입장에서 보자면 왜 그런 논문이 미친 듯 쏟아지는지 영문도 모른다. 느닷없이 환빠 사이비역사학을 비판할 뿐이다. 무슨 역사계간지가 이 모양이란 말인가.

더 기가 막힌 것은 이 논문들이 당시 이슈가 되었던 국정화 교과서 문제를 비스듬히 건드리고 있다는 사실이다. 동북아역사지도 폐기 문제가 국정화 교과서와 관계가 있다는 것인데, 정확히 어떤 관계가 있는지는 말하지 않는다. 사실 말할 수도 없다. 이것은 당시 국정화 교과서 프로젝트에 분노한 대중의 관심을 유도하려는 저질스런 수작에 불과하다. 동시에 이런 논문을 쏟아내는 「역사비평」의 광기에 대한 가소로운 변명이다.

만일 정말로 국정화 교과서가 문제였다면 『역사비평』이 첫 번째 물어야 할 것은 왜 국정화 교과서 책임자들이 김정배 같은 주류 고대사학자 원로들이냐는 것이다. 왜 주류 고대사학자 중엔 매카시스트가 많은가, 왜 그들 중엔 일제강점기와 군사독재를 찬양하는 자들이 많은가를 물어야 하며, 왜 주류 고대사학계는 그들을 비판하는 다른 주류 고대사학자가 하나도 없는지를 물어야 한다. 왜 그들은 민주화 투쟁에 한 번도 적극적이지 않았는가를 물어야 하며, 해방 이후 지금까지 독재자를 위한 이념조작에 종사하는 주류 고대사학자들이 왜 그렇게 많으며, 신문에 보도된 대로 주류 고대사학계의 원로인 김정배와 이기동의 재산이 왜 그렇게 많은가를, 그리고도 숱하게 남은 다른 의문들을 묻고 분석해야 한다.

이런 질문을 하고 이런 질문에 대답하는 것이 대중이 아는 『역사비평』의 전통이다. 하지만 주류 고대사학자의 하수인으로서 진보사학계는 이런 질문을 할 줄 모른다. 그 순간에는 철저한 백치나 완전한 꼭두각시로 돌변한다. 그리고 그 순간 진보사학의 맹목적 이데올

로기 추종과 맹목적 편가르기와 맹목적 공격성과 맹목적 지성의 파
산은 극치에 이른다.

결국 이 사건이 의미하는 것은 앞선 결론의 확인이다. 진보사학계
의 썩은 본질 세 가지,

'맹목적 이데올로기 추종과 맹목적 편 가르기, 부당하고 잔인한 권
력집단, 학문적 지성의 파산'을 재입증하는 것이다. 그것도 진보사학
계 사상 최저 수준, 최대 규모로 입증한다. 도대체 어쩌다 이 모양이
되었는가. 이 점은 음미해 볼 가치가 있다. 이에 대해 아주 많은 이야
기를 할 수 있을 것이다. 하지만 여기서는 바닥까지 내려온 진보사학
계의 현실을 확인하는 것에서 멈춘다.

제6장

사이비역사학자들의 아성,
주류 고대사학계 비판

공석구

윤용구

주류 고대사학계 젊은 학자들

고조선 논쟁과 한국 민주주의

앞서 2010년 전후까지 고조선 논쟁사를 살펴보았다. 거기에서 주류 고대사학계의 소고조선론과 그와 관련된 주요한 주류 고대사학자를 비판했다. 여기서는 최근의 주류 고대사학자를 검토한다. 그들은 앞의 인물들처럼 중요한 학자들은 아니지만 기존의 이론을 반복한다는 점에서 주류 고대사학계의 소고조선론 전반을 비판하는 데 유용하다. 먼저 국회에서 열린 한 토론회 참석자 두 명의 주장을 검토한다. 이어 『역사비평』에 논문 광풍을 일으킨 젊은 주류 고대사학자들을 검토한다. 이들의 논문은 단행본 『한국고대사와 사이비역사학』에 한데 묶여 출판되었는데 이것을 검토할 텍스트로 삼는다.

한편 이들을 사이비역사학자라 부르는 건 매우 적절하다. 왜 그런지는 이어지는 논의에서 분명해질 것이다.

::: 공석구

2015년 11월 16일 국회의원회관 제1소회의실에서 '한국 상고사 대토론회-한군현 및 패수 위치 비정에 관한 논의'가 열렸다. 앞서 말했던 토론회로 관심 있는 독자는 유튜브에서 이 토론회 전 과정을 시청할 수 있다. 대고조선론 측에서는 복기대와 이덕일이 참가했고 소고조선론 측에서는 공석구와 윤용구가 참가했다. 사회는 새누리당 김세연 의원이 맡았다.

이 토론회는 상고사 토론회 중 가장 중요하다. 이덕일은 문제가 있지만 복기대가 참가함으로써 대고조선론의 정수를 토로했고, 공석구와 윤용구는 노태돈 이하 주류 고대사학계의 학맥과 이론을 충실하게 고수했다. 나아가 사회를 맡은 김세연 의원은 나무랄 데 없는 예의와 공정함과 차분함을 보여주었다. 국회에서 하는 토론인 만큼 분위기도 진지했다.

그렇다고 일반 대중에게 쉽다는 뜻은 아니다. 실은 일반 대중이 이 토론회를 이해하기는 매우 어렵다. 그러므로 익숙하지 않은 독자는 아래 해설을 참조하는 게 좋다. 그럼 먼저 공석구를 살펴본다. 그는 한밭대 교수라고 소개되었다.

공석구의 발표주제는 '낙랑군 수성현 관련기록 고찰'이다. 이게 무슨 주제인가 하면 바로 '태강지리지' 이야기다. 앞서 진절머리 날 정도로 길게 설명한 것이다. 공석구는 주제 발표 15분 동안 이 태강지리지 한 가지만 말했다. 내친김에 이 자리에서 태강지리지 문제를 정리하기로 한다.

태강지지리지는 본래 실전하지 않는 책이다. 다만 그 구절들이 다른 사서에 인용되어 일부가 남아있다. 그래서 시대나 인용자에 따라 약간씩 차이가 난다. 그렇게 전해지는 구절 중에 '낙랑군 수성현은 갈석산에 있었고, 이곳은 진나라 만리장성이 시작된 곳이다'라는 내용이 전해 오는 것이다. 그리고 윤내현은 이 구절이 옳다고 보았다.

이런 사전지식 하에 공석구의 설명을 쉽게 요약하자면

'실전하지도 않는 사서의 일부 내용들이 이렇게 다양하게 전승되고, 때로 서로 간에 모순을 일으키고 있는 것을 보면 이 구절들은 후대에 만들어진 것이라고 보아야 한다. 그리고 이렇게 만들어진 구절들은 여러 가지 역사적 상황에 따라 착오가 생겼다. 그러므로 낙랑군 수성현에 갈석산과 진나라 만리장성 동단이 함께 있었다는 말은 오류라고 보아야 한다.'는 것이다. 그 뒤에는 그런 오류가 왜 생겼는가에 대한 자신의 견해를 말하는데 이것은 여기서 생략하겠다. 앞의 이야기를 논하는 것만으로도 충분하다.

그럼 윤내현은 이에 대해 뭐라고 대답했는가.

'전승된 사료가 다양하다는 건 맞다. 태강지리지만이 아니라 무수한 사료들이 그렇다. 그러나 바로 그렇기 때문에 혼돈된 사료들을 철저히 연구하여 가부를 가려야 한다. 태강지리지도 마찬가지다. 그 전승들 중 옳은 것은 취하고 그른 것은 버리거나 교정해야 한다. 이것이야말로 역사학자의 첫 번째 임무이다. 그럼 어떻게 그 작업을 할 수 있는가. 우선 주어진 사건에 가장 근접하고 신뢰성 있는 사료를 선택하여 사실을 재구성해야 한다. 그 다음 그렇게 구성된 사실을 통해 후대의 사료나 잘못된 사료를 평가 구분 교정해야 한다. 그렇다면 낙랑군-수성현-갈석산 문제를 이해하기 위해 어떤 사료를 선택해야 하는가.

먼저 사마천의 『사기』 '진시황본기'와 '효무본기'를 사료로 선택한다. 여기서 그 당시 기록에 나와 있는 중국과 고조선 사이의 국경을 확인한다. 이것은 바로 당대의 기록이므로 해당사건에 가장 가깝다. 또 『사기』의 사료적 가치는 최상이다. 더구나 이 기사는 저자인 사마천이 왜곡을 해야 할 이유가 가장 적은 사료이기도 하다. 따라서 이 기록은 사료해석에서 가장 믿을 만한 것이다. 그런데 바로 이 기록에 당시 중국(진나라와 한나라)과 고조선 사이의 경계는 갈석산 근처라고 기록되어 있다. 또 이때 갈석산 지역을 요동이라 불렀다. 그리고 똑같은 최상의 사료적 가치를 갖는 『사기』 '몽염열전'에는 당시 만리장성의 동단이 요동에 이르렀다고 했다. 그러므로 이 사료들에 의하면 당시 만리장성이 일어난 동쪽 기점은 갈석산 지역이다. 따라서 장성 동단과 갈석산이 함께 있었다고 입증된 지역에 낙랑군 수성현이 있었다는 태강지리지의 기록은 옳은 것이라 보아야 한다.'

이것이 윤내현의 대답이다. 물론 할 수 있는 한 요약한 것이다. 그밖에 이것을 보강하고 입증하는 다른 해석도 무수하다. 또 노태돈의 오류를 지적한 부분도 있다. 하지만 이 요약만으로도 핵심은 충분히 드러났다고 생각한다. 위 사료 이후 시기 설치되는 낙랑군의 위치에 대한 요약은 너무 길어 할 수 없지만 주류 고대사학계가 악착같이 부정하는 만리장성 동단과 갈석산이 함께 있다는 이 요약만으로도 그 신빙성을 대신할 수 있다. 그리고 윤내현의 이러한 사료비판과 해석은 누구라도 인정할 수밖에 없는 상식이자 명확함이다.

앞서 윤내현의 이론은 사실상 비판된 적이 없다고 말했는데 그 중에는 윤내현의 이런 사료해석도 포함된다. 어느 누구도 윤내현의 위와 같은 사료해석을 비판하지 않는다. 비판은커녕 언급도 하지 않는다. 그래 놓고 허구한 날 태강지리지 같은 조각 사료 이야기만 한다. 노태돈이 처음 제기한 1990년부터 25년이 지난 지금까지 같은 태강지리지의 같은 시나리오만 반복하는 것이다. 그래서 윤내현이 왜 학문적인 비판은 안 하고 인신공격이나 이상한 소리만 하느냐고 개탄을 한 것이다. 실제로 이것이 얼마나 처절한 현실인지 예를 들어보겠다. 다음은 송호정의 『한국 고대사 속의 고조선사』에서 인용한 것이다. 좀 길고 낯설어도 꼭 필요한 인용인 만큼 독자들의 주의를 요한다. 대신 내용을 상세히 이해할 필요는 없다.

여기서 반드시 검토해야 될 또 하나의 사항은 요하에 대한 해석이다. 기원전 8~7세기 고조선과 연나라의 경계로 기록된 요하가 현재의 요하가 아니고 북경 동북쪽에 위치한 난하라는 주장이 있다. 이것은 북한 학계의 기본 견해인데. 남한 학계에서는 윤내현이 따르고 있다. 난하를 요수로 보는 주장은 『산해경』 '해내동경'의 "요수는 위고의 동쪽에서 나와 동남으로 흘러 발해에 물을 대고 요양에 들어간다"는 기록과 『염철론』 '험고'편의 "연은 갈석으로 막혀 있으며 계곡을 끊고 요수를 둘러싸고……"라는 기록에 의거한다…(중략)… 이 주장에 대한 비판은 중국 고대 지리서의 하나인 『수경주』의 기록을 검토하는 것으로 대신하겠다.

"대요수는 장새의 바깥 위백평산…(중략)…요대현에 이르러 대요수에 들어간다."

-한국 고대사 속의 고조선사, 57~58쪽

지금 송호정이 윤내현의 고대 요하=난하설을 비판하는 중이다. 이게 뭔지 알 필요도 없다. 문제는 윤내현이 고대 요하=난하설의 근거로 『산해경』과 『염철론』을 사용한다고 송호정이 말한다는 것이다. 물론 윤내현은 그것들도 사용한다. 그러나 윤내현이 실제로 사용한 사료는 그것의 몇 배나 된다. 그리고 그 모든 사료는 사료비판의 원칙에 따라 배치된다. 따라서 엄밀히 말하면 송호정은 윤내현과 아무 관계도 없는 얘기를 한 셈이다.

반면 송호정의 사료 적용방식을 보라. '이 주장에 대한 비판'을 『수경주』의 기록을 검토하는 것으로 대신하겠다 한다. 그러나 이런 식으로 사료를 적용해서 무슨 역사를 하겠다는 건가. 아무런 사료 비판도 없이 자기 임의대로, 그것도 해당 사건으로부터 몇 백 년이나 지난 후에 쓰여진 후대의 사료 『수경주』 한 구절을 가져와 자기 임의대로 해석하고, 그걸로 다른 사람의 엄청난 이론에 대한 비판을 대신 해버리겠다고 하면 세상에 가능하지 않은 역사가 어디 있는가. 그렇게 하자면 해가 서쪽에서 뜬다는 이론도 간단히 증명할 수 있는 거 아닌가. 바로 이것이 주류 고대사학계의 역사학이다. 남을 비판할 때는 그 사람이 하지도 않은 걸 가져다 제 마음대로 비판하고, 자기주장을 할 때는 아무거나 자기 맘에 드는 것을 골라 자기 마음대로 해석한다. 그리고 그들이 백주 대낮에 이런 황당한 일을 할 수 있는 이유는 '학계에는 자기들밖에 없고 대중은 알아들을 수 없다'는 확신이 있기 때문이다. 바로 이렇기 때문에 주류 고대사학자들을 사이비역사학자라 부르는 것이다.

윤내현의 역사학에 대해서는 어지간히 말했으니 다시 공석구로 돌아가자. 그가 안고 있는 문제에 대해 요약하겠다.

첫째, 일단 위에서 윤내현이 말한 대로 공석구의 태강지리지에 대한 관점과 해석이 틀렸다. 전승된 태강지리지의 구절들이 다양하고 혼란스럽다는 말은 맞다. 하지만 그렇다고 해서 태강지리지 전승들이 다 틀렸다고 말할 수는 없다. 또 그 구절들이 공석구 자신이 믿는 이론과 안 맞는다는 이유로 틀렸다 할 수도 없다. 태강지리지의 모든 전승은 맞을 수도 있고, 틀릴 수도 있다. 그리고 그 검증은 윤내현이 주장한 방식대로 이루어져야 한다. 사실 이것은 공석구 본인도 잘 알고 있는 이야기 아닌가. 그러니 잘 모르는 대중과 국회의원들 앞이라고 비 역사학적인 논리를 함부로 전개해서는 안 된다. 그런 식으로 태강지리지를 부인하는 것은 역사학의 기본을 망실한 태도이다. 바로 사이비역사학자들이 하는 짓이다.

둘째, 공석구는 발표 도중 자신이 태강지리지 전승들을 대단히 신중하고 치밀하게 분석한 것처럼 말했다. 하지만 이는 사실과 다른 얘기다. 그 이야기의 기본 줄거리는 25년 전 노태돈이 만든 것이다. 거기에 공석구가 첨가한 것은 10개 중 2개도 안 된다. 따라서 공석구가 제대로 된 학자라면 '저의 발표는 25년 전 노태돈 교수님의 논문을 참고한 것입니다.'라고 해야 된다. 그 얘기는 쏙 빼놓고 직접 대단한 연구라도 한 듯 부풀리는 건 본인이 얼마나 공부를 안 하는 학자인가를 반증하는 것이다.

이것 말고도 해야 할 얘기가 10가지도 더 있다. 다만 이야기 길어질까 여기서 생략할 뿐이다.

::: 윤용구

윤용구도 같은 토론회에 참가한 소고조선론 측 발표자이다. 그의 프로필은 인천 도시공사 문화재 담당부장으로 소개되었다. 발표 주제는 '1920~30년 한사군의 위치논쟁'이다. 이것은 새로운 연구를 발표한 것이 아니라 조선시대부터 현재에 이르기까지 고조선과 한사군에 관한 여러 이론을 소개하고, 그 중 1920~30년대 논쟁(실은 논쟁도 아니다. 일제 학자와 중국학자들이 상의해 만든 이론이라는 말이 더 맞다)을 강조한 것이다. 1920~30년대 논쟁을 강조한 것은 그때 연구를 수행한 일제 학자들과 중국의 양수경이라는 학자에 의해 현재의 소고조선론의 기본 전제가 확고하게 입증되었기 때문이라고 주장했다. 한편 해방 이후에는 북한과 남한의 학자들로 연구 주체가 바뀌었는데, 이 과정에서 1920~30년대 확증된 기본 전제가 더 분명해졌으며, 나아가 과거 일제 학자들의 다소 지나친 견해들도 일부 수정되었다고 했다. 따라서 이병도를 포함한 현 주류 고대사학계의 소고조선론자들은 한사군 재 한반도설의 발명자가 아니고, 단지 일제 학자와 중국학자가 확실하게 입증한 이론을 발전시킨 것뿐이라고 주장했다.

그럼 그 확실하다는 1920~30년대 일제와 중국학자들의 논리와 증거는 무엇인가? 그에 대해 윤용구가 한 이야기는 별로 없다. 다만 그때 논의된 낙랑 유물과 해방 이후 발견되었다고 윤용구가 주장하는 몇 개 유물을 언급했을 뿐이다. 따라서 윤용구는 고래로 케케묵은 낙랑 유물 이야기를 핵심 논거로 제시한 것이다. 이것도 25년 전 노태돈이 제시한 논리다. 남들이 낙랑 유물을 아무리 비판해도 모른 척하고, 같은 얘기만 반복하라는 것이다. 그러므로 여기서는 그 케케묵은 낙랑 유물 비판을 정리하고, 이를 중심으로 윤용구 비판을 이어가겠다.

- 윤용구가 말하는 일제강점기 낙랑 유물은 정인보와 북한학계 및 윤내현에 의해 완전하게 비판되었다. 이것을 가장 밀도 있게 요약한 것은 윤내현의 『한국고대사신론』(1986년 일지사 판) 25~34쪽 내용이다. 이것을 정독하고 이해한 독자에게 소고조선론자들의 낙랑유물은 더 이상 거론할 가치가 없는 것이다. 이 유물들은 소고조선론을 입증하기는커녕 오히려 대고조선론을 입증하는 증거라 보는 게 더 맞다. 일제강점기 낙랑 유물은 이렇게 케케묵은 것이다.

그럼에도 주류 고대사학계가 이 유물을 거론하고 싶다면 윤내현이 분석한 내용을 비판해야 한다. 그러나 그들은 한 번도 그런 일을 하지 않았다. 비판은커녕 윤내현이 그런 말을 했다는 얘기도 안 한다. 토론회의 윤용구도 마찬가지다. 다만 100년 전과 똑같은 이야기를 반복할 뿐이다. 역시 대중은 알지 못할 거라는 확신 때문에 그렇게 한다. 바로 사이비학자가 하는 일이다.

- 윤용구는 양수경이라는 중국학자를 말했다. 청나라 말기에 살았던 대단한 고증학자인데 이 사람이 한사군 문헌연구의 초석을 쌓았

다는 것이다. 일제가 고고학적으로 이론을 정립했다면 양수경은 문헌학적으로 이론을 정립한 셈이다. 그러면 양수경은 얼마나 정확한 학자인가. 이에 대해서는 토론회에 참가한 복기대의 짧은 한마디가 폐부를 찌른다. 복기대는 이렇게 말했다.

'저는 양수경을 좀 압니다. 제가 중국에서 유학하던 시절 양수경의 제자의 제자가 저를 가르치는 선생님 중 한 분이었기 때문입니다. 그런데 양수경이 한사군에 대해 그런 이론을 전개한 것은 당시 일본학자들을 만나고 난 다음입니다. 양수경의 이론은 그때 일제 관변사학자들의 이론과 관련이 있는 것입니다.'

그러니까 양수경이나 일제 사학자나 그놈이 그놈일 가능성이 높다는 말이다. 양수경이 유명했든 말았든, 다른 분야에서의 업적이 얼마나 위대했든, 한사군 이론에 관해서는 일본 제국주의 이데올로기에 동조하거나 굴복했을 가능성이 높다는 것이다. 이런 양수경을 뭐나 되는 양 포장하려 했던 윤용구의 의도가 복기대의 스쳐가는 일침에 여지없이 폭로되는 순간이다.

실은 복기대의 이야기도 학문적 이론에는 그리 중요한 게 아니다. 누가 어떤 이론을 주장했건 그것은 오로지 학문적으로만 평가되어야 한다. 그런 의미에서 양수경이 누구이고 뭐라 했든 대고조선론에 비추면 터무니없는 헛소리라는 사실이 중요하다. 복기대가 그런 말을 한 건 이런 원칙은 던져버리고 양수경 같은 외국학자의 허명에나 기대려는 윤용구의 행태를 질타한 것이다.

- 윤용구는 해방 후 북한에서 엄청난 유물이 발굴되었다고 했다. 그런데 유물은 북한이 발굴했지만 연구는 남한학자들이 했다고 말했다. 유물 자료를 남한학자들이 분석했던 것이며, 이를 통해 일제 강점기 소고조선론을 더욱 확실하게 증명하고 발전시켰다는 것이다.

이 말은 백퍼센트 새빨간 거짓말이다. 북한학자들은 남한 학자들보다 더 많이 연구했고, 이를 기반으로 북한의 대고조선론을 전개했으며, 동시에 남한의 주류 고대사학자들을 강하게 비판했다. 그런데 발굴은 북한이 하고, 연구는 남한 주류 고대사학자들이 했다니 입이 다물어지지 않는다. 시중에는 번역된 북한의 연구서들이 있는데『락랑구역 일대 고분발굴 보고』(백산출판사),『평양일대 낙랑무덤에 대한 연구』(중심출판사)『조선의 고인돌 무덤의 연구』(중심출판사) 같은 책들이 그것이다. 이런 책들 속에 있는 북한의 연구는 다 뭔가. 여기 어디에 낙랑유적이나 고대 평양 유물이 소고조선론을 입증한다는 말이 있나?

윤용구가 자기 이론을 말하고 싶으면 이런 북한의 연구와 이론을 제대로 소개하고 비판을 해야 한다. 그러기는커녕 '발굴은 북한이 하고, 연구는 자기네 남한 학자들이 했다'는 황당한 소리나 지껄이고 있으니 황당하다 못해 기가 질린다. 어쩌면 그러라고 그런 뻔뻔함을 과시하는지도 모른다. 역시 사이비역사학자의 진면목이다.

- 윤용구는 낙랑군 호구부라는 유물을 언급했다. 이 유물은 낙랑

목간 혹은 초원4년 호구부라는 이름으로도 불린다. 최근 주류 고대사학계의 새로운 성배이자 만병통치약으로 부상한 유물이다. 이 유물은 북한의 평양 무덤 유적에서 발견된 목간 자료이다. 이 목간에 낙랑군 여러 현의 호구, 곧 인구현황을 기록한 것이다. 시기는 초원4년 곧 서기전 45년이다. 1990년 북한에서 처음 발견되었는데 한국에 알려진 건 2000년 초다. 윤용구는 2009년이라 했으나 김정배의 책에서는 2006년 남한에 알려진 것으로 나온다. 하지만 여기서는 중요한 문제가 아니다. 1990년 노태돈의 논문 이후 비교적 최근에 등장한 자료로 주류 고대사학자들이 보물처럼 애지중지하고 전가의 보도처럼 아무데나 휘두르고 들이미는 자료라는 것만 알면 된다.

그럼 주류 고대사학자들에게 이 유물이 왜 그렇게 중요한가. 첫째는 이 유물이 평양에서 나온 만큼 낙랑군이 평양에 있었다는 부동의 증거라는 것이고, 둘째 이 유물의 내용을 추론해서 진번, 임둔, 현도 등 한사군의 나머지 위치를 결정할 수 있다는 것이다. 물론 둘 다 어이없는 얘기다.

먼저 첫 번째 주장에 대한 비판이다. 낙랑 목간은 휴대할 수 있는 유물로 당시 북경근처에 있는 유물이 평양지역으로 옮겨졌다고 할 수 있으므로 낙랑지역의 실제 위치와는 아무 상관도 없다. 이에 대한 대표적인 사례로 일본에서 발견된 고대 신라의 장적을 들 수 있다. 이것은 당시 신라 서원경이란 지방의 호적문서이다. 그럼 이 문서 유물이 일본에서 발견되었다 하여 당시 신라 서원경 지역이 일본에 있었다고 해도 되는가? 그렇게 말하면 정신 나간 소리라 할 것이다. 그 문서는 어쩌다가 신라에서 일본으로 흘러간 것일 뿐이다. 따라서 낙랑 목간을 두고 과거 낙랑군이 북한의 평양에 있었다는 증거라 말하는 주류 고대사학자들은 제정신이 아니다. 일본에서 발견되었다는 이 신라장적 이야기는 2002년에 출간된 김현구(앞서 언급했던 그 김현구다)의 『백제는 일본의 기원인가』 144쪽에도 나온다. 또 최근의 이덕일도 같은 이야기를 한다. 그러니까 이런 이야기는 식자들 사이에 오래전부터 알려진 이야기로 그런 사람 앞에서 주류 고대사학계의 낙랑 목간 이야기를 했다간 그야말로 정신병자 취급을 받는다.

또 윤용구의 이야기를 들은 복기대는 현대 고고학에서 그런 유물을 지명 확인의 근거로 사용하는 건 금물이라고 완곡히 말했다. 그러나 그 내용은 엄혹한 것이다. 복기대가 한 말의 실제 의미는 주류 고대사학계가 고고학의 기본도 지키지 않는다는 것이다. 이렇듯 낙랑 목간이 낙랑군의 위치를 입증한다는 주류 고대사학계의 주장은 천치 같은 소리다.

그럼에도 주류 고대사학계가 낙랑목간 이야기를 그치지 않는 이유가 무엇인가. 대중은 모를 거라 확신하고 대중을 속이겠다는 뜻이다. 즉 자신들이 사이비라고 자백하는 중이다.

둘째, 이 목간의 내용이 낙랑군 외 다른 한사군의 위치를 알려준다는 이야기를 살펴보자. 윤용구의 이 말을 들은 이덕일이 화가 나서 그 목간 쪼가리에 한사군의 위치가 쓰여 있기라도 하느냐고 투덜댔다. 윤용구는 그렇게 쓰여 있는 건 아니지만 축적된 지식을 통해 추론하면 그런 결론에 도달할 수 있다고 느긋하게 말했다. 그럼 누가 어떻게 추론했을까?

2010년 동북아역사재단에서 『낙랑군 호구부 연구』라는 책이 출간되었다. 몇 사람의 논문을 모은 것인데 저자 중엔 윤용구도 포함되어 있다. 이 책은 낙랑 목간을 지금과 같은 성배로 만들기 위한 책이다. 아마 이 책 이후로 모든 주류 고대사학자가 낙랑 목간이 성배라고 의기양양하게 떠들고 다녔을 것이다. 한사군의 다른 지역의 위치를 추정했다고 하는 건 이 책 속 이성재의 논문 「낙랑의 군현 재편과 예」를 두고 하는 말이다. 다른 누군가도 이야기했겠지만 그래봤자 그게 그거다. 그럼 이성재의 이 논문을 비롯해 윤용구가 약술한 것까지 그들의 추론은 타당한가? 그럴 리가 없다.

낙랑군이 평양에 있다는 것도 입증하지 못하면서 그 부근에 다른 한사군을 추론하는 이야기에 무슨 합리성이 있겠는가. 노태돈이 가르쳐 준 그대로 적당히 꾸며 판타지를 썼을 뿐이다. 축적된 지식 위에 추론이라고? 말은 바로 해야지 그것은 추론이 아니라 축적된 사기 위에 첨가된 또 하나의 사기일 뿐이다. 그래야 제대로 된 말이다. 그럼에도 주류 고대사학계는 이 이야기를 멈추지 않을 것이다. 대중이 모를 것임을 여전히 믿고 있기 때문이다. 안다. 그러니까 사이비역사학자들이라 말할 뿐이다.

 - 끝으로 윤용구의 자백 하나를 소개하겠다. 윤용구는 발표 서두에서 자신이 한국사에서 낙랑군 연구로 박사를 받은 유일한 사람이라고 말했다. 그 말을 왜 했는지 정확히 모르겠지만 그걸로 텅 빈 자신의 학문적 권위를 약간이라도 포장하고 싶었던 게 아닌가 싶다. 그런데 그런 이야기는 윤용구에게 별로 도움이 안 된다. 왜냐하면 아는 사람들 사이엔 주류 고대사학계 박사라는 것이 학자로서 형편없는 자들이라는 인식이 일반적이기 때문이다. 예를 들어 앞서 검토한 서영수가 있다. 송호정도 있다. 이들이 어떻게 학문을 하는지 충분히 감동(?)한 바 있지 않은가. 이희진이라는 비주류 고대사학자는 이렇게 말한 적이 있다. '주류 고대사학계에서는 병신들만 교수가 된다.' 윤용구도 조심하는 게 좋다. 현재 교수가 아니라서 본인은 아쉬울지 모르지만 병신소리는 안 들어도 되니까 말이다. 하물며 뭐가 좋다고 본인을 유일한 낙랑 박사라 광고를 한단 말인가.

::: 주류 고대사학계 젊은 학자들

『역사비평』에 논문 광풍을 일으켰던 주류 고대사학계 젊은 학자들 이야기다. 2016년 114호, 115호, 117호 3권에 이들 중 10명이 10편의 논문을 게재했는데, 이 논문들은 한데 묶여 2017년 1월『한국 고대사와 사이비역사』라는 단행본으로 출간되었다. 이 단행본에는 머리말과 다른 곳에서 이들이 열었던 좌담회 및 그 발제문이 추가되었다.

이들이 사이비역사학이라 부르는 대상은 당연히 대고조선론의 전부나 일부다. 그런데 나는 이 말이 귀에 쏙 들어왔다. 이 말은 그들이 무의식적으로 자신들 스스로를 가리키는 말임을 알았기 때문이다. 이런 저런 대고조선론이야 어떻든 위에서 보았듯 주류 고대사학이야말로 사이비역사학의 전형이다. 그래서 이 개념을 주류 고대사학계에 적용하였다. 이 장의 제목에 등장하는 '사이비역사학의 아성'이란 말은 여기에서 비롯되었다. 이런 개념을 만들어준 주류 고대사학계 젊은 학자들에게 감사를 드린다. 더불어 이 개념에 얽힌 이야기도 잠시 뒤에 상술하기로 한다.

앞서 태극기 집회를 말했는데 이 집회에는 젊은 사람들도 참가한다. 그런데 그들은 연로한 집회 참가자보다 더 투철한 경우가 많다. 주류 고대사학계의 젊은 학자들도 그렇다. 오로지 각하만 숭배하는 태극기 집회 참가자처럼 오로지 주류 고대사학계만 외치는 광신자들이라 할 수 있다. 따라서 이들을 정리하기도 쉽다. 10명의 10편이나 되는 논문이지만 그 단순성은 100편의 논문을 쌓아도 똑같은 단순함일 뿐이기 때문이다. 가령 아래와 같이 그나마 학술적인 논문 네 편이 있다.

1. 「한사군, 과연 롼허강 유역에 있었을까?」
2. 「'한사군 한반도설'은 식민사학의 산물인가?
3. 「오늘날의 낙랑군 연구」
4. 「'임나일본부' 연구와 식민주의 역사관」

그러나 이 논문들에 새로운 이야기는 하나도 없다. 1번 논문은 위 공석구의 발표를 그대로 반복한 것이다. 2번, 3번 논문은 위 윤용구의 발표를 나누어서 그대로 반복한 것이다. 4번 논문은 고조선 이야기가 아니라 생략하지만 그 분야의 이전 이야기와 다를 바 없다. 이렇게 단순하다. 앞서 말했듯 노태돈 이후 이들은 일사불란하다. 젊은 신진학자라는 자들이 어쩌면 이리도 구태의연한지 입이 다물어지지 않는다. 이 논문들은 공석구와 윤용구의 표절논문이라 해도 틀린 이야기가 아니다. 대체 어느 학문분야에 이처럼 구태의연한 신진학자들이 있는지 상상하기가 어렵다. 그러니 따로 더할 이야기가 없다.
다음, 그렇고 그런 논문 세 편,

1. 「'단군조선 시기 천문관측기록'은 사실인가

2. 「단군-역사와 신화, 그리고 민족」

3. 「민족주의 역사학의 표상, 신채호 다시 생각하기」

고조선론 주변부 이야기인데 앞서 모두 했던 이야기다. 독자들은 이 논문의 내용을 안 봐도 이미 다 안다

1번, 앞서 환단고기를 논할 때 말했던 그 천문관측 이야기다. 벌써 수십 년 전 이야기를 똑같이 반복한다.

2번, 단군이야기는 실제 역사가 아닌 신화이고, 이를 실재했다고 믿는 것은 민족주의와 관계가 많은데 민족주의는 의미도 있지만 대체로 어리석고 위험한 것이다. 이것도 수십 년 된 레퍼토리이다.

3번, 이 역시 앞에서 말했다. '신채호의 뜻은 좋지만 그의 학문은 틀렸다.'는 오래된 이야기의 반복이다.

이것들도 위 학술적인 논문과 같다. 따로 더 말할 것이 없다. 그러므로 이들이 한 것이라곤 '우리 태극기 집회에 나왔어요'라고 외치며 분노한 주류 고대사학계의 시위에 머릿수를 더하고 인증사진을 찍은 것뿐이다. 그들이 5만원(?)씩 받았는지는 모르겠다. 어쨌든 젊은 머릿수 채우기, 그게 다다. 이 모양이므로 이들과 이들을 통해 본 주류 고대사학계의 학문적 미래는 암담하다. 그럼 이제 뭐가 남았는가.

「사이비역사학과 역사파시즘」

「식민주의 역사학과 '우리'안의 타율성론」

「민족의 국사교과서, 그 안에 담긴 허상」

그리고 머리말과 좌담회 내용 및 좌담회 모두 발제문

이것들도 구태의연하기는 마찬가지지만 그래도 새로운 것들이 들어있다. 이덕일과 그를 둘러싼 집단, 그리고 국정화 교과서 문제가 그것이다. 주로 이덕일과 싸우려고 이 논문 시위를 벌인 것인데, 앞서 살펴보았던 이덕일이 최근에 일으킨 사건들은 새로운 시대에 새로운 사건과 인물을 포함한다. 그래서 싫어도 어쩔 수 없이 새로운 걸 말해야 한다. 당연히 여기서 논의 대상도 이것들이다.

- 이 논문 속의 젊은 주류 고대사학자들은 국정화 교과서를 반대하고 비판하는 것 같다. '같다'라고 말하는 건 반대는 하는데 강하게 표현하지 않기 때문이다. 대충 다음과 같은 정도이다.

2015년 10월 12일 박근혜 정부는 한국사 교과서의 국정화 전환 방침을 공식적으로 발표하였다. 많은 이들이 갑작스러운 조치로 여기고 충격을 받았지만, 이는 정권 초인 2013년부터 진행된 기획이었다. 2013년은 뉴라이트 역사관이 담긴 교과서의 발행으로 커다란 사회적 이슈가 일어났던 해이다.

-12쪽

충격을 받았다느니, 뉴라이트 역사관이니 하는 걸 보면 문맥상 박근혜 정부의 국정화 교과서 프로젝트를 비판하는 건 분명한 것 같다. 그러나 이 비판 속에 국정화 교과서 편찬위원장 김정배 이야기는 어디에도 들어있지 않다. 뉴라이트의 사도이자 국정화 교과서 프로젝트를 총괄한다고 국회의원으로부터 질타를 받은 이기동도 거론하지 않는다. 이 책 서두에 말했듯 박근혜 정부의 국정화 교과서 프로젝트의 전담자들은 주류 고대사학계 원로들이며, 오로지 그들뿐이다. 그런데 우리의 젊은 주류 고대사학자들은 이들과 이들이 몸담은 주류 고대사학계에 대해서는 한 마디도 안 한다. 이들이 정말로 국정화 교과서 프로젝트를 반대하는 자들일까? 그래서 하는 소리다. 이들은 사이비역사학자들이라고.

그럼 이들은 뭘 하는가. 국정화 교과서에 대해 위와 같이 한 마디 해놓고 죽으나 사나 이덕일 욕에, 민족주의 욕에, 동북아역사지도 폐기사태에 대한 욕이 전부다. 차력술 하나 보여준다고 꼬드긴 다음 하루 종일 가짜 약을 파는 돌팔이 약장수보다 더하다.

이것은 그들의 본질을 드러내는 단적인 사례 중 하나다. 주류 고대사학계는 본래 학계가 아니라 이익집단이다. 이들은 자신들의 안위 말고는 관심이 없다. 나는 해방 이후 현대사의 모든 국면에서 주류 고대사학계가 저항이나 비판이라는 이름으로 참여한 것을 본 적도 들은 적도 없다. 이들은 시류에 적당히 편승하고, 그 와중에 필요하면 어떤 일도 가책 없이 하는 자들일 뿐이다. 그 증거가 박근혜 정부 국정화 교과서 프로젝트에 총대를 멘 원로 주류 고대사학자들과 그럼에도 다른 쪽에서는 이들을 쏙 빼놓고 국정화 교과서 프로젝트를 비판하는 척하는 이들 뻔뻔한 젊은 사학자들의 양면성이다. 세간에 '너 때문에 통일이 안 된다'는 농담이 있다. 그러나 농담이 아닌 말도 있다. '이들 주류 고대사학계 같은 기회주의자들 때문에 친일청산과 민주화가 안 된다'는 것. 이건 정말로 농담이 아니다.

- 젊은 주류 고대사학자들은 이런 말도 했다. 그것도 진심으로 말했다.

저들은 **국가권력과 결탁해** '동북아역사지도'라는 학계의 큰 사업을 무산시키고, 하버드대학에 대한 동북아역사재단의 지원도 차단시켰다. 나는 이를 **학문에 대한 실질적인 테러**로 본다.

-286쪽, 굵은 글씨는 필자의 강조

저들이란 이덕일을 둘러싼 집단을 말한다. 그들이 그렇게 큰일을 했다는 것이다. 내가 보기엔 그렇지 않지만 만만한 게 뭐라고 이덕일을 그렇게 대단한 인물로 추앙하고 싶다면 그건 마음대로 하라. 아마 이덕일이 기뻐할 것이다.

그런데 '국가권력과 결탁'이라고 했다. 그런가? 그럼 젊은 주류 고대사학자들 생각에 국정화 교과서 프로젝트에 총대를 멘 원로들이 옥좌를 차지하고 있는 주류 고대사학계는 국가와 결탁 아닌 무엇을 한 것인가. 이에 대해서 단 한마디도 하지 않는 주류 고대사학계의 젊은 학자들은 국가와 무엇을 했는가? 설마하니 말은 안 했지만 속으로는 비판했다고 말할 텐가? '내로남불'도 유분수다. 그러나 이건 아직 시작도 아니다.

주류 고대사학계의 젊은 학자들은 동북아역사지도 폐기 사건이 '학문에 대한 실질적인 테러'라고 했다. 그런 게 테러인 줄 이제 알겠다. 그럼 당신들 주류 고대사학계가 윤내현을 빨갱이로 고발하고, 대한민국 최대 역사학술잡지에 윤내현이 표절자라는 더러운 논문을 도배한 것은 무엇이라고 생각하는가? 나처럼 테러를 넘어 학살사건이라 보는가? 그럴 리가 없다. 그러기는커녕 오히려 잘한 일이라 칭송을 할 것이다. 이렇듯 주류 고대사학계의 젊은 학자들에게는 뇌가 없다. 그냥 텅 빈 사이비역사학자일 뿐이다.

- 젊은 주류 고대사학자들은 또 이렇게 말했다.

친일 문제를 생각해보자 『친일인명사전』에 등재된 이들의 행적을 잘 보면 친일로만 규정지을 수 없는 부분도 많다. 우파적이고 부르주아적인 성격이었지만 나름대로 도시발전이나 생활개선과 관련하여 많은 활동을 했던 사람도 있다. 큰일 날 소리인지 모르겠지만 오늘날 관점에서 보면 사회운동가로 해석할 여지도 있다.

-290쪽

큰일 날 소리인지 알면서도 이 간절한 한 마디가 어지간히 하고 싶었을 것이다. 그게 주류 고대사학계의 본질이란 걸 알고 있다. 그래서 주류 고대사학계가 국정화 교과서에 총대를 멘 것이다. 하물며 이 아름다운 자백이라니 더 말해 줄 것도 없다. 대신 큰일 나지 않고도 친일파를 변호하는 방법을 하나 알려주겠다.

만일 젊은 주류 고대사학자가 정말로 구제받아야 할 친일파가 있다고 생각한다면 정식으로 연구하고 주장하라. 대신 학계에서의 모든 지위와 기득권을 버리고 가난과 고독과 수난 속에서 그렇게 하라. 그러면 사람들이 믿어 줄 것이며, 그 순간 큰일은 더 이상 큰일이 아닌 진실이 될 것이다. 그렇게 하겠는가? 그럴 리 없다. 나는 지위와 기득권을 버리고 진실과 학문을 추구하는 주류 고대사학자를 본 적도 들은 적도 없다. 심지어 그런 일이 생길 거라는 상상조차 할 수 없다. 조선사편수회 시절 이병도부터 해방 이후 현재에 이르기까지 주류 고대사학계의 모든 행태를 감안할 때, 그리고 사이비역사학자라는 말의 사전적 의미를 감안할 때 그런 건 있을 수도 없고 상상할 수도 없다.

– 마지막으로, 젊은 주류 고대사학자들은 이런 말도 했다.

그런데 '사이비역사학'이라는 명명은 이러한 여러 측면을 소거해버린다는 난점이 있다. **또한 이 논전의 관전자들이 '사이비'라는 명명을 '식민사학'의 거울상으로 오해할 우려도 있다.**

-282쪽, 굵은 글씨는 필자의 강조

'사이비역사학'이라는 표현이 무척 자극적이고 공격적인 것은 사실이다. 이러한 표현이 학문의 다양성이나 대화의 가능성을 차단시킬 수 있다는 비판도 가능하다. 처음에 이 용어를 사용할 때도 그런 고민이 많았다. 그럼에도 현 상황은 '사이비역사학'이라는 단호한 표현을 요구하고 있다고 생각한다. 그들의 본질을 드러낼 가장 적확한 용어가 '사이비역사학'이라는 결론이다.

-285쪽

　젊은 주류 고대사학자들이 '사이비역사학'이라는 개념을 두고 얼마나 노심초사했는가를 보여준다. 그들은 본능적으로 이 단어의 근원적인 의미를 자각하고 있었다. 첫 인용문에서 사이비라는 명칭이 식민사학의 거울상이라 말하고 있다. 다시 말해 식민사학을 거울에 비치면 그 거울에 사이비역사학, 곧 '식민사학=사이비역사학'이라는 본질이 드러난다는 말이다. '오해할 우려'가 있다는 말은 많은 사람들이 그렇게 느낀다는 걸 반증하는 말이다. 이처럼 그들은 마음 깊은 곳에서 자신들이 사이비역사학자라는 사실을 알고 있다.

　젊은 주류 고대사학자들은 이 치명적인 자기 폭로, 즉, 남을 사이비라 말하면서 자신의 사이비성이 폭로될 수 있다는 심연의 공포를 느꼈던 것이다. 그러나 그들로서는 심연에서 은밀하게 밀려오는 그 공포마저 넘어서야 할 만큼 사태가 심각했다. 온갖 위험을 무릅쓰고라도 이 용어를 사용해야 했던 피맺힌 사연이 바로 두 번째 인용이다. 사이비역사학의 진심어린 자기증명이다.

이들의 말을 계속 듣자면 몇 권의 책이 될 것이다. 그러나 이것도 여기서 멈추기로 한다. 이상 젊은 주류 고대사학자들 비판을 마친다.

동북아역사지도 폐기 사태는 해방 후 주류 고대사학계가 맞이하는 최대의 타격이자 위기이다. 이들은 그 이유가 이덕일을 비롯한 사이비역사학자들의 선동과 이에 동조하는 정치인들이라고 생각한다. 그래서 정치인들은 약간 비판하고(무서우니까 세게 비판은 못한다) 만만한 이덕일 무리는 죽도록 욕한다. 절반은 분풀이고, 절반은 그나마 그들이 할 수 있는 유일한 대책이기 때문이다. 물론 이덕일 무리와 정치인들이 그들을 위기로 내몬 중요한 요인 중 하나다. 그러나 더 근본적인 문제는 따로 있다. 앞서 그들의 누적된 오만과 과도한 작당이 그것이라 했다. 이에 대해 짧게 몇 마디 덧붙인다.

'Weekly News' 2015년 10월 8일자에 '동북아역사재단 동북공정 지도 논란 충격 내막'이란 기사가 보도되었다. 이 기사에 따르면 2015년 10월 4일 새누리당 이상일 의원이 동북아역사재단이 국가에 불리한 정보를 미의회조사국에 논의도 없이 전달한 사실을 밝혔으며, 이것이 지도 논란의 시발점이라고 했다. 그 정보란 '우리 정부가 동북공정을 인정하는 내용이 다수 포함된 자료와 지도'라고 했다. 정부가 알지도 못하는 사이에 '정부가 동북공정을 인정하는 내용'이 미의회조사국에 전해졌다는 것이다.

국회특위는 당장 이에 대한 심문을 했는데, 이 장면도 유튜브에서 확인할 수 있다. 바로 2015년 4월 17일 동북아역사왜곡 특별위원회 '동북아역사지도 편찬산업 관련논의'로서 이덕일이 동북아재단을 성토하고, 동북아재단은 이덕일의 그런 성토를 역사파시스트라 욕하는 그 사건이다. 이덕일이 역사파시스트였는지 아닌지는 보는 이들이 판단할 일이지만 그와 별개로 진행된 위 기사 사건에 대한 심문을 진행하는 의원들의 심정은 어땠을까. 한 의원은 참담하다고 했는데, 이게 이덕일에 대한 동조 때문이겠는가? 주류 고대사학계는 동북아재단에서 국민의 혈세를 빨아먹으며 이렇게까지 간이 부은 것이다.

다른 걸 다 떠나서 지도 자체를 보자. 지금까지 자세히 말하지 않았지만 비록 고대 지도일 망정 이 지도에는 독도가 표기되지 않았고, 중국 위나라(삼국지 조조의 나라)의 영토가 한반도 경기도까지 뻗어 있다. 3세기 지도에는 한반도 남부에 국가로서 백제와 신라가 표기되어 있지 않고, 대신 이런 저런 지명 사이에서 점으로 찍혀 백제국 사로국이라는 작은 글씨가 적혀 있을 뿐이다. 애써 확인하지 않으면 그런 게 있는지조차 모른다.

이들이 진행한 회의록 속에는 고조선의 특수성을 약화시켜야 한다는 이야기가 기록되어 있어 국회의원의 질문을 받았다. 물론 이들은 이 모든 걸 어떻게든 둘러댈 수 있다. 그러나 그것을 국민이 알도록 공개하는 법이 없다. 구체적으로 확인하게 되면 그 지도가 옳고 그르고를 떠나 누구나 충격을 받을 것이고, 그런 충격 앞에 나서거나 책임을 지기가 싫기 때문이다. 앞서 논문 광풍을 일으킨 젊은 주류 고대사학자들도 마찬가지다. 그렇게 지도 이야기를 하면서도 이덕일의 파시즘만 외칠 뿐 지도와 관련하여 대중에게 충격을 줄 만한 구체적 사실은 하나도 말하지 않는다. 세상에 모두를 영원히 속일 수 없다는 격언이 있지만 이들은 무슨 재주가 그리 심오한지 자기들만은 모두를 영원히 속일 수 있다고 믿는 것 같다.

또 이 순간에는 이상한 곳에서 이상한 일들도 벌어지고 있었다. 2016년 8월에는 현 단국대 교수 심재훈이 『고대 중국에 빠져 한국사를 바라보다』를 출간했다. 그런데 이 심재훈은 소싯적에 윤내현의 제자였던 인물로 미국 시카고대 동아시아언어문명학과에서 박사를 취득한 후 윤내현의 이론을 거부한 사람으로 슬금슬금 소문이 났다. 다름 아닌 윤내현의 과거 제자가 그랬다니 이는 윤내현의 이론을 흠집내는 데 최고의 광고가 아닐 수 없다. 그런데 이 사람은 고조선이나 한국 고대사에 대해 아는 게 없다. 고조선에 관한 연구라고는 미국에서 이런 저런 이유로 기자에 관해 쓴 논문이 전부인데 스스로 소개해 놓은 걸 보면 한심하기 그지없다(내가 보기에 그나마 윤내현의 『기자신고』를 어설프게 베낀 게 아닌지 의구심이 든다. 그러니까 근본을 믿을 수 없는 자다). 그렇다고 학문적 능력이 있는 사람도 아니다. 은근히 자기자랑을 쏟아내지만 결국은 미국에서 자리를 못 잡아 한국에 왔노라 스스로 자백한다. 그럼 이 수상한 사람은 책에서 무슨 이야기를 했는가. '한국 고대사는 민족주의를 없애야 하며, 마크 바잉턴 같은 외국 학자의 이야기에 귀를 기울여야 한다' 이게 그가 쓴 책의 진짜 주제다. 누구라고? 마크 바잉턴! 바로 '한국 고대사 프로젝트'의 하버드 놈팡이 말이다! 보아하니 이 사람은 젠틀한 미국 유학생 티를 내며 좋은 대학으로 이직을 원하다(책에서 실제로 그렇게 말한다) 기회다 싶어 주류 고대사학계에 작정하고 추파를 던지는 것 같다. 그리고 주류 사학계는 이 불쌍한 자의 추파를 잘 써먹는 중이다.

주류 고대사학계에서는 벌어지는 일마다 이 모양인데 이런 것들이 주류 고대사학계의 누적된 오만과 망동이란 것이다. 그들의 위기는 이것들이 썩어서 발생한, 순수한 자업자득이다. 이것이 주류 고대사학계 비판의 결론이다.

대고조선론의
도약

고조선 논쟁과 한국 민주주의

2010년 전후 윤내현의 은퇴로 끝난 것 같은 대고조선론은 2014년 이후 그의 제자 복기대에 의해 화려하게 부활했다. 복기대와 그가 이끄는 인하대 고조선연구소 '평양연구팀'이 그것이다. 최소한 5회 이상에 걸친 이들의 학술회의는 남한 대고조선론에 부가된 새로운 내용과 그것의 함의를 결산한다. 이 학술회의는 우리도 볼 수 있다. 유튜브에 이 중 두 번의 학술회의가 게시되어 있기 때문이다. 제목은 '고대평양위치 탐색과 관련한 학술회의'이다. 화질 음질 편집이 좋은 편은 아니고 내용도 쉽지 않아 일반대중이 시청하기는 어렵지만 관심 있는 사람에게는 보물과 같은 영상들이다. 한편 이와 별도로 2016년 10월 복기대가 행한 대중 강연은 이 모든 것을 압축함과 동시에 기존 연구들과 결합한 뛰어난 발표이다. 2016년 10월 10일에 열린 '유라시안 네트워크 역사인문학 특강'이 그것이다. 이것도 유튜브에서 확인할 수 있는데 상대적으로 일반 대중에게 가장 쉬운 것이기도 하다.

물론 이 성과는 윤내현의 학문적 업적을 직간접적으로 전제한다. 또 윤내현의 총체적인 체계와 같은 것도 아니다. 하지만 그 의미는 1982년 윤내현의 첫 번째 대 논문 「기자신고」에 육박하거나 그것을 능가한다. 이를 바탕으로 차후 복기대와 평양연구팀이 윤내현 같은 체계를 서술할 수 있는가는 알 수 없다. 그러나 누가 하든 이 체계의 재구성을 위한 운동은 돌이키기 어려운 현실이 되었다.

그럼에도 복기대와 '평양연구팀'의 문제제기는 단순하고 쉽다. 사실 단순하고 쉽기 때문에 그만큼 위력이 있는 것이며, 이는 복기대가 처음부터 의도했던 것이기도 하다. 그것은 단 하나의 질문과 대답으로 요약할 수 있다.

'고구려 장수왕의 수도인 평양은 어디인가?'
'그것은 한반도의 평양이 아닌 만주의 요양이다.'

대한민국의 모든 국민은 장수왕의 수도가 한반도 평양이라 배웠으므로 이 질문과 대답을 황당하다고 생각할 것이다. 그것은 지극히 당연한 현상이다. 또 그런 의구심이 있어야 얘기가 쉽다. 지금부터 이 괴상한 평양 이야기를 시작한다.

::: 고구려 장수왕의 평양은 어디인가?

　말했듯 대한민국의 모든 국민은 고구려 장수왕이 천도하여 도읍을 삼은 곳은 한반도의 평양이라 배웠다. 너무 오랫동안 그렇게 배웠고, 이를 바탕으로 삼국시대의 모든 사건과 지리를 학습했기 때문에 이 사실을 부정하는 건 불가능해 보인다. 하지만 꼭 그렇지도 않다. 왜 그런가.

　장수왕의 수도 평양과 더불어 그 이상으로 명확하게 배운 사실은 고구려의 수도가 세 개였다는 것이다. 하나는 주몽이 세운 '졸본'이고, 두 번째는 유리왕이 천도한 '국내성'이며, 세 번째는 장수왕이 천도한 '평양'이다. 그러나 이것은 사실이 아니다. 삼국사기에 고구려의 도읍 변천은 다음과 같이 기록되어 있다.

　1주몽; 졸본 2유리왕; 국내성 3산상왕; 환도 4동천왕; 평양 5고국원왕; 환도산성 6고국원왕; 평양 동쪽 황성 7장수왕; 평양 8평원왕; 장안성

　이렇듯 고구려의 도읍은 8개였다. 그럼 우리가 배우지 않은 나머지 다섯 개는 어디로 갔는가? 왜 우리는 국사시간에 이 사실을 배우지 않았는가? 또 이 다섯 개의 도읍은 어디에 있었는가? 물론 이에 대한 주류 고대사학계의 둘러대기도 쉽게 상상할 수 있다. 나머지 다섯 개는 근처로 옮긴 거라 중요하지 않아 빼버린 거라는 식으로. 하지만 이번에는 잘 안 될 것이다. 그들의 대답이 통할 때는 사람들이 모를 때

이다. 일단 사람들이 주목하고, 증명을 요구하기 시작하면 항상 그렇듯 그들은 둘러대고 윽박지르는 거 말고 아무것도 못한다. 그리고 복기대와 평양연구팀은 그런 게 통하지 않는 학자들이다.

한편 복기대는 이 '평양 위치의 의구심'을 일깨우는 강렬한 사례도 전해주었다. 그는 조선시대 세종대왕 때조차 고구려 평양의 위치를 알지 못했으며, 이는 세종실록에 기록되어 있는 사실이라 했다. 세종이 옛 삼국시대 수도에 사당을 지으라 했는데 신라의 경주와 백제의 웅진은 찾았지만 고구려의 평양을 찾을 수가 없었다. 결국 일을 담당한 신하가 고구려의 평양이 어디인지 알 수가 없다고 상소를 올리게 되고, 세종은 꼭 평양은 아니라도 과거 고구려 땅이었던 곳에 사당을 세우라 했다는 것이다. 그러니까 고구려 평양의 위치는 최소한 15세기 때도 알 수 없었다. 당대 학자들이 왕명을 수행하려 모든 사서와 자료를 뒤졌겠지만 알 수가 없었다. 그렇다면 이 평양이 언제 왜 한반도의 평양으로 고정되었단 말인가. 우리는 이것을 듣거나 배운 적이 없다. 다시 말해 우리는 장수왕의 평양이 한반도의 평양이라고 암기를 했을 뿐 그게 옳은 것인지 확인한 적이 없다. 따라서 장수왕의 평양을 다시 묻는 건 정당함을 넘어서 절대로 필요한 것이다. 그럼 이런 평양의 위치를 확인하기 위해 복기대와 평양연구팀은 무엇을 했는가?

단지 사료를 뒤졌다. 그들은 최대한 추론과 해석을 줄였다. 보지 않고 검토하지 않았던 사료, 중국사료, 한국사료, 과거사료, 근대사료 등 접근할 수 있는 모든 사료에서 평양의 위치와 관련된 것들을 찾았다. 그리고 그 결론으로 장수왕의 평양은 만주의 요양이라고 대답했다. 이것은 부정되기 어렵다. 한두 개의 사료는 비판적으로 거부될 수 있으나 이렇게 많은 사료, 그것도 복기대나 평양연구팀 같은 전문가들의 비판을 거친 사료더미는 부정할 수가 없다. 그것은 역사 이전에 순수한 사실이다. 이 모든 것은 위에서 말한 복기대의 대중강연에서 당당한 자신감으로 표현되었다. 복기대는 강연 중에 이런 말들을 했다.

'역사는 문학이 아니다. 사실이다.'

'나는 소수파다, 하나만 거짓말 하면 죽는다, 나도 살려고 이런다'

이렇게 해서 장수왕의 평양에 대한 하나의 질문과 대답은 부활하는 대고조선론의 강력한 엔진이 되었다. 1983년 '도대체 기자가 누구냐'는 윤내현의 단순한 질문이 남한 대고조선론의 초강력 신호탄이 된 것과 마찬가지다. 그렇다면 이 평양이야기는 어디까지 날아올라 어디까지 확장되는가?

::: 압록강은 어디인가? 그리고 그 밖의 모든 것은?

장수왕의 평양이 요양이라는 결론은 그 자체로 충격이지만 그 이상으로 많은 질문을 남긴다. 예를 들어 상황이 이렇다면 고구려 첫 번째 도읍인 주몽의 졸본은 어디냐는 질문을 하지 않을 수 없다. 우리는 현 압록강 중류 유역의 환인이라고 배웠지만 그게 사실인지 이제는 장담할 수 없다. 또 고구려는 한반도의 평양에서 나당 연합군에 의해 멸망했다고 배웠지만 장수왕의 평양이 요양이면 고구려는 만주의 요양에서 멸망했을 가능성이 훨씬 높다. 그럼 당시 당나라가 세웠다는 안동도호부가 세워진 곳도 한반도의 평양이 아니라 만주의 요양이다. 그렇다면 그것과 경계를 이룬 신라의 국경은 어디였는가? 또 그 멀리에 있는 만주의 안동도호부를 해체시킨 세력은 누구인가. 우리는 막연히 신라가 물리쳤다고 생각하지만 사실은 발해가 했을 수도 있다. 무엇보다 고구려 도읍들의 위치가 달라지면 고구려와 밀접한 관련을 가진 낙랑군과 한사군의 위치가 바뀐다. 그것은 한반도가 아닌 만주에 있었을 가능성이 훨씬 크다.

장수왕의 평양은 이렇게 많은 문제를 함의한다. 윤내현의 「기자신고」도 그렇다. 기자가 누구이며, 어디에 있었는가를 확인하면, 그 이전의 고조선의 위치와 성격, 그 이후 위만조선의 위치와 성격 및 위만조선을 무너뜨리고 그 자리에 세워진 한사군의 위치와 성격이 재조정된다. 윤내현의 「기자신고」가 위력적인 이유가 여기에 있다. 장수왕의 평양도 똑같다. 엄청난 관련사항들이 재조정을 요청한다. 그리고 이것들 중 가장 인상적인 것 하나가 바로 고, 중세시대 압록강의 위치다.

오늘날 압록강은 백두산에서 흐르는 북한의 압록강이다. 그러나 과거의 압록강은 요동반도근처로 흘러가는 요하를 말했다. 명나라나 청나라 시대까지 그랬다. 압록강이 오늘의 압록강으로 고정된 것은 그리 오래되지 않았다. 이 역시 복기대와 평양연구팀이 사료를 찾아서 밝힌 사실이다. 주로 강원대 사학과 남의현 교수가 주도한 이 연구의 학술발표는 그 핵심이 검토한 사료를 읽어주는 것이다. 따라서 과거 압록강의 위치가 요하라는 사실도 더 이상 부정할 수 없다.

이렇듯 평양 문제는 고대사 전 분야로 확산된다. 이 정도의 요약만으로 누구나 느낄 수 있는 것처럼 장수왕의 평양과 과거 압록강의 위치를 매개로 한 한국 고대사의 총체적 재편은 이미 돌이킬 수 없는 현실이 되었다. 이것을 누가 완수할 것인지는 알 수 없지만 그 경향은 막을 수가 없다.

::: 평양연구팀의 성격과 의미

복기대와 평양연구팀은 학문적 성과만을 남긴 것이 아니다. 그들은 학문적 성과 이상의 것을 실현하고 표현했다. 이것은 그들의 존재 자체에 기인하는 것으로 전 사회적 의미를 담고 있으며, 과거 윤내현 시대와 근본적으로 달라진 학문적 현실을 보여준다. 그 의미를 여기서 요약한다.

먼저 학술회의에 등장한 발표자와 발표주제를 몇 사람만 나열해 보겠다.

남의현, 강원대 사학과 교수- 동녕과 평양성, 그리고 압록의 위치에 대한 시론적 접근

임찬경, 인하대 고조선연구소 연구교수(고구려사 전공)- 한국사학의 고대평양 위치 인식의 오류형성 및 그 유지기제

양홍진, 한국 천문연구원- 역사천문기록을 통해 살펴본 고구려 관측지

윤순옥, 경희대 지리학과 교수- 중국 요녕성 요하유역의 지형특성과 요택의 형성메카니즘

김윤순, 인하대 고조선연구소 연구원(강원대 사학과 박사과정)

이 외에도 평양연구팀에는 수십 명의 교수나 연구진이 포함되어 있는데, 이 명단만 보더라도 이 팀의 성격을 알 수 있다.

첫째, 구성원이 전문 연구자들이다. 이들은 재야사학계의 주관적인 연구자들과 다르다. 이들의 연구는 엄정한 학문적 수준을 담보한다.

둘째, 비주류 학자들이다. 통상 한국 고대사는 이병도 사단이라 불리는 서울대 국사학과를 정점으로 한국의 전 대학 사학과를 지배하는 피라미드 구조로 되어 있다. 이들은 그 시스템 바깥의 학자들이다.

셋째, 위의 양홍진은 천문학자이고, 윤순옥은 지리학자이다. 평양 연구팀이 표방한 학제간 연구를 실질적으로 실현한 것이다. 앞서 신용하의 학제간 연구를 언급했었는데, 이것은 신용하의 소망에 가장 근접한 것이자 현대 학문에서 가장 선진적이고 바람직한 것이다. 한 명의 대중에 불과하지만 개인적으로 평가하자면 평양연구팀의 학제간 연구는 구체적이고 모범적이었다.

넷째, 맨 마지막의 김윤순은 박사과정의 연구원이다. 이를 언급한 이유는 대고조선론의 고질적인 문제인 후학양성의 가능성을 타진하는 것이기 때문이다. 김윤순이란 개인이 문제가 아니라 아직 젊은 박사과정의 연구자가 결합되었다는 사실이 중요하다. 위의 명단 중에 있는 남의현 교수는 '윤내현 선생은 일당백이었지만 우리는 그렇지 못하다'는 말을 한 적이 있는데 실제로 윤내현처럼 완벽하게 훈련된 학자가 탄생하기는 매우 어렵다. 일찍부터 준비를 해야 훌륭한 학자와 연구가 탄생할 수 있다. 평양연구팀이 그 가능성에 한 발 다가선 것은 분명하다.

이런 특성들은 척박한 상황에서 뛰어난 학문적 역량 하나만으로 학술활동을 해야 했던 윤내현의 조건과 큰 차이를 갖는다. 어떻게 이런 일이 발생했는가를 묻는다면 과연 전 사회적 변화를 떠올리게 된다. 국민의 의식 수준, 학문의 발전, 정치적 조건, 심지어 경제적 발전과 국제 정세의 변화…거기까지 생각하는 건 비약이라 할 수도 있다. 그러나 나는 평양연구팀이 이 모든 것과 관련이 있다고 생각한다. 하지만 그에 대한 이야기는 생략한다. 오히려 문제는 다른 데 있다. 그것은 이 현상이 장기적으로 좋은 것인지 나쁜 것인지 아직은 알 수가 없다는 것이다. 바로 다음 주제이기도 하다.

::: 복기대의 빛과 그림자

앞서 2010년 복기대의 논문 「고구려 도읍지 천도에 관한 재검토」를 언급했었다. 그 당시 아무도 이 논문을 주목하지 않았지만 후에 대단한 폭발을 일으킨다고 말했다. 그 폭발이 지금의 '평양연구팀'이다.

복기대는 이것이 자신의 스승 윤내현과 대화 속에서 자주 나온 주제라고 말했지만 고고학적 연구를 더하여 그것을 논문으로 만들어낸 것은 복기대 자신만의 역량과 열정이었다.

그 연구와 논문을 바탕으로 복기대는 장수왕의 평양을 연구하자는 제안을 했고, 사람들을 설득하는 데 성공했다. 나아가 이만큼의 연구 성과를 거두어 윤내현 이후 남한 대고조선론을 짊어진 적자이자 대가로 자리 잡았다.

2천년 초반 유학을 마치고 돌아왔을 때 그는 무척이나 어려운 상황에 처해 있었다. 윤내현의 제자로 한국에서 대고조선론을 연구하는 고대사학자나 고고학자는 주류 고대사학계의 고대사학자들과 하늘과 땅만큼 차이가 있다. 주류 고대사학자들은 원로의 인정만 받으면 입지와 취직이 보장된다. 당당한 학위를 주고, 책을 내주고 대학이든 연구소든 자리가 나온다. 타고난 학계 금수저들인 셈이다.

반면 복기대 같은 소수파 흙수저는 갈 데가 없다. 그는 유학을 포함한 이 시절을 가리켜 '지옥'이라고 말한 적 있다. 그렇다. 사정을 아는 사람이라면 누구라도, 보지 않아도 처음부터 안다. 대중은 일반적으로 흙수저들이기 때문이다.

그런 복기대의 첫 작품 『요서지역의 청동기시대 문화연구』에 추천사를 남긴 윤내현은 이런 복기대를 '우리 학계의 보배'라고 말했다. 이 장면이 가슴 아파 나는 전작에서 이 가난한 사제의 모습을 잊고 싶지 않은 사진처럼 묘사한 바 있다. 그러나 그때까지도 복기대가 정말 보배일 거라고는 생각하지 못했다. 핍박 받은 대고조선론의 위상이 그토록 위태로운 상황에서 거장 윤내현에 비하면 복기대의 자리가 너무 미약하고 멀어보였기 때문이다.

하지만 그는 10년의 시간을 넘어서 그 우려가 헛된 것임을 증명하였다. 그는 정말로 보배였다. 복기대는 평양연구팀의 학문적 성과만 이룩한 것이 아니다. 그는 윤내현보다 훨씬 세련되고 능란한 활동력을 보였다. 그는 소탈하고 어눌해 보이지만 달변이었고, 그의 언사는 대체로 간결하고 신중했다. 살벌한 고조선논쟁의 벌판에서 앞뒤의 정황을 모두 알고 있지만 결코 적을 만들지 않았다. 대중 강연이나 대중을 대하는 태도도 윤내현보다 훨씬 가깝고 다감했다. 천생 학자인 윤내현은 대중서적 하나를 재미나게 쓸 줄 모르지만 복기대는 그렇지 않았다. 그는 입체적인 학자였으며, 오늘날 수십 명의 연구자를 이끄는 대고조선론의 선두주자로 당당한 자격이 있다. 여기까지가 복기대의 빛이다.

반면 그에게는 두 가지의 그림자가 있다. 하나는 그의 학문적 역량이다. 복기대는 그의 스승 윤내현을 말하는 자리(이것도 유튜브에서 확인할 수 있다)에서 윤내현이 자신을 게으르다고 나무란다 했다. 성격이 온화해서 직설적으로 그런 말을 하진 않지만 에둘러 그렇게 꾸짖는다는 것이다. 물론 복기대의 겸손과 소탈한 농담이 섞여 있는 얘기이다. 하지만 그게 다는 아니다. 복기대는 어디를 가도 자기는 고고학자이지만 본래 고조선연구자라고 말한다. 그렇다면 그는 결국 고조선사를 연구해야 하며, 이것은 고조선사를 서술한다는 걸 말한다. 윤내현이 말했듯 역사를 서술하는 것이 역사학자의 본령이기 때문이다.

그럼 복기대는 그걸 해낼 수 있을까? 위에서 장수왕의 평양 문제, 곧 '평양연구팀'이 남긴 과제가 얼마나 거대한가를 확인했다.

이 과제를 해결하는 데는 윤내현 이상의 역량이 필요하다. 복기대에게 그런 역량이 있느냐는 것이다. 아니다. 복기대에게는 그런 역량이 없다.

그래서 남의현 교수가 '윤내현 선생은 일당백이지만 우리는 그렇지 못하다'고 말한 것이다. 또 윤내현은 제자 복기대에게 그런 역량이 없기 때문에 게으르다 꾸짖고 다급해 하는 것이다. 그러므로 복기대는 둘 중 하나를 해야 한다. 윤내현이 말한 대로 지금부터 죽기를 각오하고 공부와 연구에 열중하던가 아니면 후학을 키워야 한다. 그리고 이 양자의 선택에 있어 정직해야 하며, 선택에 따른 수행을 함에 있어 전력을 다해야 한다.

둘 다 어려운 일이다. 게다가 50대의 자리 잡은 학자는 조금만 흐트

러지면 기름기 흐르는 뱃살을 움켜쥐고 안락한 지위만 누리려 한다. 복기대는 이와 다를 것인가? 게으르지 말라는 건 단지 학문의 문제가 아니다. 돌지 않는 팽이는 쓰러지는 법이어서 게으른 학자는 썩기 마련이다. 그리고 고조선 논쟁은 그 어느 곳보다 부패지수가 높다. 이것이 복기대의 첫 번째 그림자이다.

복기대의 두 번째 그림자는 한 대중강연에서 그가 한 발언 속에 숨어있다. 2015년 11월 복기대는 '한국전통사학의 고조선 인식'이란 제목의 대중 강연을 했다. 이것도 유튜브에서 확인할 수 있다. 하지만 이날 강연은 조금 이상했다. 그는 시작하자마자 백남기 농민관련 집회에서 국정화 교과서 반대 캠페인을 하는 것이 부당하다는 비판을 했다.

또 박근혜 전 대통령의 '나라는 형태이고 역사는 혼'이란 말을 칭찬했다. 물론 이 발언은 조심스럽고 우회적이어서 스쳐들으면 무슨 의미인지 알아듣기도 어렵다. 그러나 그의 이 발언들은 그가 국정화 교과서 지지지자이자 박근혜 전 대통령 지지자라는 혐의를 피해갈 수 없게 한다. 이것은 심각한 문제다. 복기대가 어떤 정치적 지향을 가지든 그건 복기대 개인의 문제다. 그러나 전 국민의 90퍼센트가 '청와대는 너희 집이 아니고, 역사는 너희 가족사가 아니다'라는 말의 의미를 분명히 알고 있는 사안에 대해 복기대가 위와 같은 발언을 했다는 건 둘 중의 하나다.

그가 나머지 10퍼센트의 박근혜 전 대통령과 국정화 교과서에 대한 맹목적 지지자거나 아니면 어떤 이유에서건 자신과 대중을 얼버무려 속이려 했다는 것이다. 게다가 그는 종종 곤란한 말을 한다. '역사는 팩트를 다루는 인류학과 철학의 결합이다', '역사학적 합의가 있다면 전쟁은 발생하지 않는다'가 그런 것이다. 대중이 아무리 바보기로서니 인류학이 팩트만 다루고 자기 철학은 없는 학문이란 말을 믿겠는가? 복기대가 하려는 말은 역사학은 팩트 이상의 의미 지향적 철학을 담고 있다는 취지겠지만 그렇다고 저열한 제국주의와 인종주의로 시작해서 위대한 휴머니즘의 이상으로 회귀한 인류학을 팩트나 다루는 학문이라는 오해를 받도록 취급하는 것은 곤란하다.

또 요즘의 대중이 어떤 대중인데 역사학적 합의 여부가 전쟁 발생의 진정한 원인이라 믿겠는가? 대부분 전쟁의 원인이 탐욕과 수탈에 있으며, 역사 논쟁은 그 핑계에 불과하다는 건 삼척동자도 알지 않는가. 이 역시 역사와 안보의 상관관계를 강조하려는 복기대의 의도겠지만 논조가 지나치다. 요지인즉 공인이 자기 전공 외의 발언을 할 때는 아는 것과 모르는 것을 분명히 해야 하고, 함부로 어리석거나 과도한 말을 하는 걸 두려워해야 한다는 것이다. 그럼에도 복기대가 이를 모르고 있다면 철학이 없는 자는 인류학자가 아니라 복기대라는 역사학자 자신이다.

이것은 위의 첫 번째 그림자와 무관하지 않다. 예를 들어 내가 아는 한 그의 스승 윤내현은 이런 이상한 말을 하거나 이상한 경향을 주장한 적이 없다. 그것은 윤내현이 순수한 학문에 얼마나 헌신했는가를 반증한다. 동시에 학문적 헌신성이 부족하면 멍청한 언행을 남발하기가 얼마나 쉬운가를 의미한다.

복기대의 게으름과 철학의 부재는 서로 무관하지 않은 것이다. 이것이 복기대의 두 번째 그림자이다.

모든 핍박받는 진실이 그렇듯 대고조선론도 오로지 진실과 헌신으로만 살아남을 수 있었다. 또 끝날 줄 모르는 희생을 먹고 살아 남았다. 그래서 신채호도 정인보도 윤내현도 제대로 살지 못했다. 북한사람이라 잘 모르지만 아마 리지린도 그랬을 것이다. 반면, 대고조선론의 진실에 기생하는 자들은 피둥피둥 살이 찐다. 복기대도 그런 기생충이 되지 말란 법 없다.

그가 그의 스승 윤내현의 학문이 아니었다면 오늘날 어떻게 학문으로 밥을 먹고 살 수 있겠는가. 또 신채호와 정인보와 리지린이 아니면 윤내현의 학문이 어떻게 가능했겠는가.

이런 선학들의 역사를 누구보다 잘 알면서 게으름과 철학의 부재 속에 안주라니 이건 안 될 말이다. 더 좋은 멀고도 먼 그날이 올 때까지 한국의 대고조선론자는 편안하게 살 수 없다. 그것을 각오하고 다니던 직장을 때려치운 채 학문의 길로 들어선 복기대였다. 이제 그 첫사랑을 잊었다는 말인가.

'평양연구팀'이라는 새롭고 놀라운 현상이 좋은 일인지 나쁜 일인지 알 수 없는 이유가 여기에 있다. 그것은 대고조선론자에 국가적 지원이 주어진 첫 번째 사건이라 해도 틀린 말이 아니다. 그러니까 처음으로 형편이 좋아졌다. 그러나 그것은 종종 부패와 타락의 시작이기도 하다.

나는 한 명의 대중으로서 이런 나의 이야기가 그야말로 어리석은 한 대중의 기우였기를 간절히 소망한다.

고조선론 주변의
수상한 사람들

이형구

우실하

고조선 논쟁과 한국 민주주의

고조선 논쟁 주변엔 정체를 알 수 없는 사람들이 있다. 가령 이 사람이 소고조선론자인지 대고조선론자인지 알 수 없을 때가 있다. 대체로 이들은 심각한 문제를 일으킨다.

　여기서 이들을 정리하기로 한다.

::: 이형구

이형구는 윤내현이 표절자라는 논문을 쓴 사람이다. 앞서 말했던 대로 『역사학보에』에 「리지린과 윤내현의 '고조선 연구' 비교」라는 거짓말을 써서 온 세상에 윤내현 마타도어를 도색한 사람이다. 전작에서 나는 이런 이형구를 집요하게 비판했다. 지금도 그는 대가를 치러야 하며, 살아서 못하면 죽어서라도 그렇게 해야 한다고 믿는다. 하지만 여기서 그 이야기를 반복할 생각은 없다. 그보다는 주변부의 수상한 사람이라는 주제의 사례로 사용할 것이다.

이형구는 특이한 소고조선론자다. 출신과 이력이 그렇고 전개하는 이론도 그렇다. 그의 이론을 소개한 글을 인용하자면 이렇다.

> 이형구의 일련의 연구가 바로 그것인데 그의 요지는 다음과 같다…(중략)… 발해연안 북부에서 건국한 기자조선은 오랫동안 북경 일대의 연과 대응하면서 지속되었다가 일부는 연에 복속되었지만 주력은 계속 유지하였다가 전국시대 연에 요서 2천 리를 내주고 요동반도와 한반도 서북지역으로 이동하였다는 것이다.
>
> -박준형 「한국 근현대 기자조선 인식의 변천」, 『고조선사 연구 100년-고조선사 연구의 현황과 쟁점』, 2011, 학연문화사, 117쪽

이 인용에서 보듯이 그는 고조선이 전국시대 연나라에 밀려 한반도

와 요동으로 이동했다고 주장하는, 서영수와 같은 중심지 이동설 소고조선론자다. 따라서 한나라 침공 이후 한사군도 한반도에 있었던 셈이다. 그가 특이하다는 것은 인용에 나온 대로 기자조선을 인정한다는 것이다. 소고조선론이든 대고조선론이든 이렇게 전격적으로 기자조선을 인정하는 경우는 거의 없다. 이것은 그가 대만에서 유학을 했다는 사실과 관계가 있다. 그리고 이 사실은 이형구의 소고조선론에 잘 보이지 않는 깊은 의미가 있다는 것을 말한다. 그게 무엇인가.

대만의 학자들과 이형구는 고조선과 은나라가 같은 족속이었다고 주장한다. 따라서 은나라 출신인 기자가 고조선을 접수한 것은 자연스러운 현상이라 생각한다. 그러므로 조금만 확대해석하면 고조선은 은나라의 후손이 되고, 곧 이어 중국의 후손이 된다. 그러니까 여차하면 가장 심각한 동북공정이 되는 셈이다. 게다가 한반도가 한사군의 지배 아래 4백 년이나 있었으니 한국은 빼도 박도 못한 중국이 되어야 할 판이다.

이런 이형구가 놀랍게도 민족주의자로 행세한다. 어떻게 그게 가능할까. 이형구는 어떤 책이나 강연에서도 자신이 소고조선론자라는 말을 하지 않는다. 특히 한사군 얘기는 하지 않는다. 대신 동이족이나 발해연안문화라는 말을 써서 만주지역이 고조선 문화의 본영이라 주장 한다. 따라서 얼핏 들으면 고조선의 고대문화를 찬양하고, 고조선이 만주의 큰 나라였음을 과시하는 말로 들린다. 그러나 그의 내면은 민족주의자이기는커녕 고조선이 은나라의 후예임을 주장하는 중국이나 대만의 스파이에 더 가깝다. 그럼 주류 고대사학계가 이런 이형구를 용납하는 이유가 뭔가. 두 가지다. 하나는 그런 괴상한 소고조선론으로 고조선을 치장하여 국민을 현혹시키는 데 도움이 된다는 것이고, 다른 하나는 이런 식으로 살아가는 사람이기 때문에 윤내현을 음해하는 데 거침없이 총대를 멜 수 있다는 것이다. 또 이형구는 풍납토성 발굴에서 주류 고대사학자들 편을 들어주기 위해 자신의 발굴 결과를 손바닥 뒤집듯 바꿔버린 싸구려 변절자로도 유명하다. 이처럼 이형구는 평소에 자기를 알아주지 않는다고 불평하다가도 주류 고대사학계가 적당히 어르면 어떤 지저분한 일도 서슴없이 해치우는 사람이다. 그렇기 때문에 이형구는 주류 고대사학계에서 손 안 대고 코 푸는 일에 써먹을 수 있는 대단히 유용한 인물인 셈이다. 이런 이형구가 저지른 수상한 일을 소개하고자 하는 것이다.

2009년 그는 경향신문과 함께 『코리안루트를 찾아서』라는 책을 출간했다. 칼라화보에 유명인사 6명이 투고한 추천사, 문화관광부 우수교양도서 선정 등 그야말로 화려한 후원을 받은 책이다. 판매에서도 상당히 성공했다. 그럼 이 책은 어떤 책인가? 이형구의 소고조선론을 그대로 반영한 책이다. 그러나 그게 소고조선론 이야기인지 눈치챌 수 있는 사람은 거의 없다. 역사학적으로 예민한 두 가지 사실, 즉 고조선은 같은 족속인 은나라의 기자에게 순순히 이양되었다는 것과 전국시대 연나라에 의해 한반도로 쫓겨 들어갔다는 것은 명백히 표시되었지만 눈에 띄지 않을 만큼 적게 서술되어 주목해 보기도 어렵거니와 보아도 뭔지 모른다. 대신 만주와 중국 동부에까지 이르는 동이족의 문화 화보를 보면서 그것이 우리민족의 문화권이나 영토려니 하는 환상만 극대화시킨다. 따라서 이 책이 왜 그렇게 강력한 후원을 받았는지도 명백하다. 주류 고대사학계 소고조선론자 입장에서는 한사군 한반도설을 지켰다는 사실이 가장 중요하다. 동이족이니 기자니 하는 것은 마음에 안 들지만 대중의 눈을 현혹시키기 위해서 그 정도는 언제나 양보했다. 절대 양보 안 할 때는 자기들끼리만 남 몰래 동북아역사지도 같은 걸 만들 때이다. 반대로 대중에게 공개적으로 소고조선론을 말할 때는 이형구 같은 주변인물을 부추키는 게 좋다. 당연히 주류 고대사학계는 이 책을 비판하지 않았다. 이형구가 주장하는 기자조선을 용납할 수 없음에도 그렇다. 이것이 이형구와 이 책의 진짜 의미다. 고조선 논쟁 주변의 수상한 자들이란 바로 이런 짓을 하는 자들이다.

이형구가 행한 또 하나의 기상천외한 일이 있다. 이형구는 한 종교단체가 발행한 환단고기에 추천사를 썼다(아직까지는 인터넷에서 이 추천사를 검색할 수 있다). 그런데 모든 환단고기 신봉자는 소고조선론, 즉 한사군이 한반도에 있었다는 이론을 원수보다 싫어한다. 그 중에서도 기자조선을 인정하는 이론은 더욱 싫어한다. 그러니까 이형구는 소고조선론자 중에서도 그들이 가장 먼저 능지처참해야 할 인물인 것이다. 그런데 이형구는 무슨 수를 썼는지 자신이 소고조선론자라는 것, 그것도 기자조선을 인정하는 소고조선론자라는 걸 숨기고,

이 책에 추천사를 쓸 수 있었다. 요절복통할 일이다. 이것이 이형구의 두 번째 수상한 짓이다. 그것 말고도 더 있지만 나머지는 생략한다. 고조선론 주변의 수상한 사람들이 무슨 일을 하는지만 확인하면 된다.

::: 우실하

우실하는 홍산문명(그는 요하문명이라 해야 한다고 말하지만 여기서는 홍산문명이란 용어를 쓰겠다) 연구자로 유명하다. 그의 대표작이라 할 수 있는 『동북공정 너머 요하문명론』은 지금도 이 분야 최고의 참고서 중 하나로 꼽는다. 예나 지금이나 나 역시 다른 사람에게 주저 없이 추천하는 책이다. 더불어 우실하는 이 분야 최고의 대중강연자이기도 하다.

그는 과거에 인상적인 주제를 연구하기도 했다. 『전통문화의 구성원리』, 『3수 분화의 세계관』 등이 그것이다. 한국 문화의 뿌리를 나름대로 추적한 것으로 나로서는 내용에 동의하는 것은 아니지만 주제만은 매력적이라고 생각한다.

이런 우실하가 홍산문화 강연에서 가장 강조하는 것은 중국 동북공정의 위험과 그것에 대비해야 한다는 것이다. 동시에 홍산문명을 다 우리 것이라 생각해서는 안 되며, 그런 생각을 하는 일부 재야사학자들은 문제가 있다는 것이다. 나아가 그는 '고조선의 강역과 요하문명'이라는 제목의 대형지도도 출간했는데 여기에 표시된 고조선의 영역은 통상적인 대고조선론의 관점과 비슷한, 만주와 한반도를 아우르는 거대한 지역이다. 강의에서도 종종 이 지도를 사용한다. 따라서 그는 영락없는 '합리적 대고조선론자'처럼 보인다. 거대한 고조선의 영역을 말하고 홍산문명을 연구하며, 동시에 비합리적인 재야사학자를 비판하기 때문이다.

그러나 우실하는 명백한 소고조선론자이다. 아래는 그의 책 『전통문화의 구성원리』에서 인용한 것이다.

> 또한 B.C. 108년에는 '음양 오행화된 유교'를 국교로 삼은 한(漢: B.C. 206~A.D.220)이 여러 번의 전쟁을 통해 위만 조선을 멸망시키고, 한사군이 대동강 유역에 자리하여 그 뒤의 약 300여 년에 걸쳐 진퇴를 거듭하여 한(漢) 문호를 전파한다는 점이다.
>
> -199쪽

이 책은 1998년 1쇄가 발행되었는데 내가 가진 것은 2007년 3쇄본이다. 그때까지 그는 한사군이 대동강 유역에 자리했다고 말했다. 그리고 지금까지도 이 관점이 변하지 않았을 가능성이 아주 높다. 또 이 책이 기대는 이론은 송호정을 포함한 주류 고대사학자가 대부분이다. 이처럼 그는 상당히 강경한 소고조선론자 할 수 있다. 하지만 그는 이런 이야기를 거의 하지 않고 많은 대중들은 그가 이런 종류의 소고조선론자인 걸 모른다.

또 그는 특정한 재야사학자의 이론을 열렬히 지지하기도 한다. 정형진이라는 재야사학인데 우실하는 『동북공정 너머 요하문명론』에서 네 쪽에(329~332쪽)에 걸쳐 그의 이론을 소개하고 지지를 표했다. 그런데 소개된 이론 중엔 환웅(단군신화에 등장하는 그 환웅이다.)족이 수시아나라고 하는 메소포타미아 지역에서 이동했다는 것이 있다. 그러니까 고조선을 건국한 우리 민족의 선조들이 메소포타미아에서 왔다는 것이다. 이 얘기는 소개된 내용 중 가장 중요한 것으로 우실하는 이에 대한 지도까지 첨부했다. 그런데 나는 정형진의 이 책을 읽어보았다. 그럼 내가 이 책에 설득되거나 이 책이 합리적이라 생각했을까? 그럴 리 없다. 다른 누구라도 나와 비슷할 것이다. 왜냐하면 책의 내용이 워낙 이질적인 만큼 설득력을 가지려면 저자가 굉장히 강력한 증거를 제시해야 하는데 그럴 수가 없기 때문이다. 이런 종류의 책 대부분이 그렇다. 따라서 이 책의 내용을 상상 이상의 사실이라고 주장하는 순간 이 책은 비합리적 재야사학의 전형으로 전락한다. 그런데 우실하는 이런 이론을 강하게 지지하고 있다. 결국 우실하 본인이 비합리적 재야사학자를 믿고 있는 것이다. 그럼 왜 다른 재야사학자나 그 추종자는 비합리적이라 비판하는 걸까? 우실하 자신이 재야사학자를 믿는 건 괜찮고 남들이 믿는 건 안 된다는 건가?

우실하는 이러한 자신의 이중성, 곧 자신은 소고조선론자이면서 겉으로는 대고조선론자처럼 보이는 것과 자신은 비합리적 재야사학자를 신봉하면서 다른 재야사학자나 그 추종자는 비판하는 모순된 이중성을 명시하지 않는다. 물론 그걸 선명하게 명시해야 할 의무는 없다. 그러나 이런 이중성을 알게 되면 그의 동북공정에 대한 분개나 재야사학자에 대한 분개를 이해하기가 곤란해진다. 나아가 그가 주장하거나 원하는 게 근본적으로 무엇인지 혼란돈스러워진다. 사실 그의 소고조선론과 재야사학자에 대한 비판은 중국의 동북공정이 좋아하는 이론 아닌가. 그러므로 누군가 그를 수상하다고 느끼는 건 지나친 일이 아니다. 그가 대중이 느끼는 이와 같은 의구심을 더 친절하고 명쾌하게 해소해주기를 바란다.

그밖에도 수상한 사람들이 많다. 심지어 사기꾼이나 인터넷 알바로 추정되는 자들도 있다. 이 점에 있어서만은 소고조선론자와 대고조선론자를 가리지 않는다. 고조선론 주변에는 온갖 비합리성이 산재하며, 이를 주의깊게 통찰하고 피해가야 하는 것이다.

결론과
전망

고조선 논쟁과 한국 민주주의

::: 정말로 중요한 것은 과정이다

소고조선론이니 대고조선론이니 했지만 대중의 입장에서 보자면 학문적 결론으로서 그것들은 별로 중요한 게 아니다. 소고조선론이든 대고조선론이든 나를 포함한 대부분의 대중은 그와 결부된 인맥이나 이해관계를 전혀 가지고 있지 않다. 그러니 결론이야 어떻든 신뢰할 수 있는 학자들이 잘 연구해서 우리에게 알려주면 그만이다.

민족주의니 어쩌니 하는 것도 마찬가지다. 대부분의 대중은 한국인이므로 우리 민족을 사랑할 것이다. 그러나 민족을 위해 자신을 버려야 한다는 말이나 민족웅비의 위대한 조국이란 말 따위는 거의 믿지 않는다. 더구나 한국 현대사에서 민족주의라는 말은 많은 경우 개인의 자유와 복지, 그리고 민주주의를 억압하는 수단으로 기능했던 만큼 함부로 민족주의를 남용하는 자들은 오히려 의심의 대상이 된다. 따라서 자랑스러운 민족을 위한 자랑스러운 역사 어쩌고 하는 것도 대중에게는 다 쓸데없는 소리이다.

그러나 역사 논쟁이 반칙과 폭력과 거짓으로 점철되었다는 것은 문제가 다르다. 이것은 한 사회 안에서 아직도, 그것도 학계와 같은 핵심부에서 부조리가 횡행한다는 걸 의미하며, 이는 일상을 살아가는 대중에게 심각한 위협이 된다. 대중은 권력이나 돈이 없기 때문에 사회가 반칙으로 굴러가면 대처할 방법이 없다. 매일 매일 힘센 자들이 두렵고 매일 매일 갑질에 시달리며 매일 매일 억울하게 뭔가를 뺏긴다.

결국 대중에게 중요한 것은 결론이 아니라 과정이다. 그 과정이 정직하고 민주적이라면 결론이야 아무래도 상관없다 해도 과언이 아니다. 하지만 그 과정이 틀렸다면 대중은 점점 스트레스를 받는다. 그게 아무것도 아닌 것 같지만 사실은 자신에 대한 위협이라는 걸 본능적으로 알기 때문이다.

고조선 논쟁도 마찬가지다. 정말로 중요한 것은 정직하고 민주적인 과정이다.

::: 고조선 논쟁을 해결하는 방법

고조선 논쟁을 해결하는 방법은 간단하다. 사회와 국가가 양 진영, 곧 소고조선론 진영과 대고조선론 진영을 공정하게 지원하고 양자의 이론을 전 국민이 알아보기 쉽도록 공지하면 된다. 나아가 양자의 논쟁을 대중이 투명하게 감시할 수 있으면 된다. 하지만 이는 어지간해서는 불가능하다. 주류 고대사학계 소고조선론자들이 모든 수단을 동원해서 방해할 것이기 때문이다. 그래서 공정한 지원과 투명한 공개는 먼 훗날에나 가능하다. 그리고 그 날은 아마도 한국 민주주의가 완성의 마침표를 찍는 날일 것이다. 아무 것도 아닌 것 같은 고조선 논쟁은 실은 그렇게 먼 이정표였다.

::: 고조선 논쟁의 시금석, 윤내현 간첩 및 표절자 조작사건

2013년 10월 18일 동북아역사재단에 대한 국정감사가 있었다. 당시 민주통합당의 김윤덕 의원이 동북아역사재단의 고대사 인식에 대한 질문을 했다. 그러자 김학준 당시 재단 이사장이 장황한 대답을 했는데 그 발언 중에 윤내현에 대한 무자비한 마타도어가 터져 나왔다. 윤내현이란 실명은 말하지 않았지만 윤내현은 "북한학자 리지린의 책을 그대로 옮겨놓았으며, 그래서 사실상 학계에서 매장되다시피 했으며, 그래서 정신문화원에서 연구비를 받았는데 정말 다 물어냈다"라고 했다. 따옴표 안의 이야기는 백퍼센트 거짓말인 김학준의 말 그대로이며 이것은 지금도 유튜브에서 확인할 수 있다.

김윤덕 의원은 김학준의 이 발언에 대해 이렇게 물었어야 한다.

'지금 재단 이사장은 한 학자에 대한 심각한 음해를 하는 중이다. 그 발언에 이사장은 책임을 질 수 있는가? 이사장에게 그 사실을 알려준 자가 누구이며 그 증거는 어디 있는가? 그가 정말로 표절을 했고 연구비를 받거나 돌려주었는지 국회차원에서 조사를 해도 되는가? 역사 학술지『역사학보』는 그가 표절자란 논문을 실었는데 이 논문 저자와 이 논문 게재를 허락한 당시『역사학보』편집진들을 국회차원에서 조사해도 되는가? 만일 그 학자가 표절한 게 아니거나 연구비 이야기가 사실과 다르다면 재단 이사장 이하 관련된 모든 사람들은 응당한 책임을 지겠는가?'

그러나 김윤덕 의원은 그렇게 묻지 못했다. 아직 내막을 알지 못했기 때문이다. 하지만 언젠가는 김윤덕 의원이 하지 못한 질문을 하는 다른 의원이 있을 것이다. 나아가 그 의원은 이렇게 물을 것이다.

'주류 고대사학계는 학문적 역량은 없고, 대신 간첩이라느니 표절자라느니 음해만 하는 집단이란 말이 있는데 어떻게 생각하나요? 이게 사실이면 이건 조폭 집단 아닌가요? 이런 사람들을 학자라고 할 수 있나요?'

이 질문이 보편화 되는 순간 고조선 논쟁은 마타도어 대신 제대로 된 논쟁을 시작할 것이다. 그렇지 않으면 주류 고대사학자들은 영원히 김학준의 거짓말만 반복할 것이기 때문이다

위의 김학준은 윤내현이 은퇴한 후 거의 언급되지 않던 마타도어를 갑자기, 그것도 국회에서 쏟아내었다. 이렇듯 위기가 닥치면 그들은 일체의 학문과 상식을 집어던지고 즉시 마타도어로 돌아간다. 그 마타도어가 중지되지 않는 한 고조선 논쟁은 존재할 수 없다는 뜻이다. 이것이 윤내현 간첩 및 표절자 조작 사건이 고조선 논쟁의 시금석인 이유이다.

::: 고조선 논쟁의 전망

2016년 3월 28일자 용인시민신문에는 '동아시아 고대문명부터 고조선까지…도박물관 아카데미 수강생 모집'이라는 기사가 실렸다. 이것은 위기 상황에 처한 주류 고대사학계가 총동원되어 대중 선전을 시작한 것이다. 이 아카데미에 참가한 인사들의 명단을 보면 총동원이란 말이 실감난다.

노태돈, 조인성, 송호정, 공석구, 이문영, 서영대, 김성환, 이선복, 김정렬.

이 중 이 책에 등장한 사람만 다섯이다. 게다가 노태돈까지 등장했다. 영원한 보스 노태돈이 노구의 몸을 끌고 몸소 등장하다니 얼마나 다급했는지 짐작이 간다.

이 중 조인성은 『역사비평』 2017년 봄호(118호)에 「'고대사 파동'과 식민주의 사학의 망령」이란 글을 실었는데 거기서 앞 기사에 나오는 이야기도 들어 있다. 이 논문에서 조인성은 주류 고대사학계가 대응한 여러 가지 일들을 정리하고, 더불어 이덕일이 주도하는 미사협이라는 재야 단체에 대해서도 보고했다. 조인성의 말에 의하면 미사협이란 '미래로 가는 바른 역사 협의회'의 약자로 이덕일의 '한가람연구소'를 포함한 100여개의 역사 민족운동단체가 설립한 모임이라 한다. 나아가 미사협의 일부 설립배경을 감안하면 자신들 주류 사학계의 여러 대응이 일정정도 성과를 낸 것이라 자평했다. 하지만 그건 조인성 생각이다. 이제 조인성의 이러한 이야기들이 어떤 현실을 반영하고 있는지 검토해 보기로 하자.

2011년 조인성은 『한국사 시민강좌』 49집에서 '현재도 이들은 인터넷을 중심으로 무시할 수 없는 영향력을 행사하고 있다'(97쪽)라는 말을 했다. 조인성이 말한 것은 각종의 대고조선론자들이 아직 인터넷 커뮤니티에 남아 있으니 경계를 풀지 말아야 한다는 것이다. 이때는 윤내현이 은퇴하고 주류 고대사학계가 가장 안정되었을 때인데도 조인성은 이런 공포를 표방했다. 그런데 그것이 몇 년도 안 되어 현실로 드러나고 심지어 조인성이 두려워했던 것보다 몇 배나 크게 부상했다. 어느 정도냐면 전 고대사학계 인력이 동원되어 강좌들을 열고 『역사비평』에 논문 광풍을 일으켜야 했을 정도다.

문제는 그럼에도 불구하고 주류 고대사학계가 참담한 패배를 했다는 것이다. 뿐만 아니다. 조인성은 자신들의 활동이 성과를 이루었다고 말했지만 그건 성과가 아니라 '주류 고대사학계가 까불어서 미사협 같은 더 큰 조직을 등장시켜버린 낭패'라고 말해야 한다. 이 모든 것을 고려하면 현재 상황을 다음과 같이 정리할 수 있다.

첫째, 현 국면은 주류 고대사학계와 이덕일 같은 재야사학계의 대립이 표면상 전선을 형성하고 있다. 이 둘 간의 대립은 잘 어울리는데 둘의 수준이 비슷하기 때문이다. 그러나 재야사학계는 본래 학문적으로 취약하다. 그러므로 이와 어울리는 주류 고대사학계의 학문적 수준을 잘 설명해주는 것이기도 하다.

둘째, 조인성을 포함한 주류 고대사학계는 이덕일 등의 재야사학계를 윤내현 등장 이전 '더 큰 깡패' 같은 재야 대고조선론자들과 같다고 말하지만 사실은 그렇지가 않다. 최근의 재야사학계는 옛날 '더 큰 깡패'들과 질이 다르다. 미흡하나마 학문적으로 훨씬 잘 무장되어 있으며 조직력과 대중성에 있어서도 비교가 안 될 만큼 성장했다. 무엇보다 혼란 중에도 대중들은 무언가 잘못되어 있다는 걸 점차 느끼기 시작했다. 주류 고대사학계가 노태돈까지 등장하면서 전례 없는 총동원에 나선 것 자체가 이 현실을 입증한다.

셋째, 따라서 앞으로의 전망은 안개 정국이다. 주류 고대사학계는 고대사학계 전체의 인맥과 권력과 자금력을 쥐고 있어서 쉽게 무너지지 않는다. 또 상황에 따라 재야사학계를 누르고 다시 안정을 유지하지 말라는 법도 없다. 그러나 과거 윤내현 하나를 간첩으로 몰아 해결하던 때와는 질이 다르다. 그들의 앞길은 꽤나 험난할 것이다.

넷째, 이 속에 복기대의 '평양연구팀'은 거론조차 되지 않았다. 주류 고대사학계는 평양연구팀을 돌아볼 엄두도 내지 못한다. 물론 때가 되면 작업을 시작할 것이다. 그런데 앞서 말했듯 이 평양연구팀은 초유의 학술 조직이다. 이 역시 주류 고대사학계로서는 벅찬 상대가 될 것이다.

다섯째, 평양연구팀의 전망은 어떠한가. 복기대가 말했듯 평양연구팀은 주로 연구에만 몰두한다. 그리고 이들의 미래도 그 연구에 달려 있다. 새롭고 건강한 학풍을 만들어 낸다면 그들은 상당한 추진력을 얻고 주목할 만한 발전을 이룰 것이다. 하지만 기회는 또한 위기이다. 많은 사람들의 공동연구인 만큼 제대로 하지 못하면 스스로 붕괴할 수도 있다.

그런데 이것들은 단지 표면상의 분석이다. 이 외에 더 중요한 사항이 많다. 앞서 말했듯 여기에는 정치, 경제, 국제정세의 변화가 모두 관련되어 있다. 그러나 여기서는 한 가지만 강조하기로 한다. 이 모든 문제의 최종적 결론은 한국의 대중민주주의에 달려있다. 말했듯 대중은 고조선 논쟁의 결론에 별 관심이 없다. 대중의 관심은 그 논쟁의 과정, 그 과정의 공정성과 민주성에 있다. 따라서 대중의 의식과 삶이 민주적으로 발전할수록 고조선 논쟁은 투명하고 공정해진다. 더불어 소고조선론이든 대고조선론이든 양 진영에 기생하는 불순물들이 적어진다. 그리고 그때서야 고조선논쟁은 단순한 학술 논쟁, 단순한 역사이야기로 복귀한다. 이런 의미에서 고조선논쟁을 한국 민주주의의 마지막 이정표라 부르는 것이다.

김 상 태

1964년 전라북도 정읍에서 태어났으며, 서울대학교 수학과를 졸업했다. 지금까지 저술활동을 시작한 이후 전 분야에 걸쳐 대중적 글쓰기의 가능성을 시험했다. 이는 대중이 전문가로부터 듣는 청취자나 학생으로서의 수동적 입장을 넘어 지적 활동 전체에 걸친 대중의 개입과 전진의 가능성을 모색하는 것이다. 그는 이러한 활동을 진정한 민주사회와 복지사회의 마지막 과제이자 증거라고 생각한다. 나아가 이로 인해 전문가들의 지적 활동도 더욱 생산적이고 올바르게 기능하리라 확신한다. 따라서 그의 글쓰기는 특정한 주제에 고정되지 않는다. 그는 대중적 글쓰기가 어떤 상황, 어떤 분야를 막론하고 대중 스스로가 원하게 되면 그 즉시 다룰 수 있어야 하며, 또 그 주제에 대해 의미 있는 글을 쓸 수 있다는 사실을 현실적으로 입증하고자 노력하고 있다. 언제나 그래왔듯 그는 앞으로도 똑같은 일을 계속할 것이다. 지은 책으로는 『1990년 한국 사회 섹스라는 기호를 다루는 사람들』(새물결, 1996), 『도올 김용옥 비판』(옛오늘, 2007), 『엉터리 사학자 가짜 고대사』(책보세, 2012), 『어린왕자의 가면』(책보세, 2012), 『일본 사라지거나 해방되거나』(책보세, 2014) 등이 있다.